Textos Literarios y Ejercicios

TEXTOS LITERARIOS Y EJERCICIOS

NIVEL MEDIO II

Concepción Bados Ciria

UNIVERSIDAD DE ALCALÁ

ANAYA ELE

Equipo de la Universidad de Alcalá
Dirección de la colección: María Ángeles Álvarez Martínez

Programación: María Ángeles Álvarez Martínez
Ana Blanco Canales
María Jesús Torrens Álvarez

Autora: Concepción Bados Ciria

Juan Ignacio Luca de Tena, 15 - 28027 Madrid

Depósito legal: M-8308-2001
ISBN: 84-667-0056-0
Printed in Spain
Imprime: Coimoff, S. A. Madrid

Equipo editorial
Edición: Milagros Bodas, Sonia de Pedro
Equipo técnico: Javier Cuéllar, Laura Llarena
Ilustración: El Gancho (Tomás Hijo, José Zazo y Alberto Pieruz)
Cubiertas: Taller Universo: M. Á. Pacheco, J. Serrano
Diseño y realización de interiores: JV, Diseño Gráfico, S. L.

Expresamos nuestro agradecimiento al Vicerrectorado de Investigación de la Universidad de Alcalá, por el proyecto subvencionado "Frecuencia de uso y estudio del léxico con especial aplicación a la enseñanza del español como lengua extranjera" (H004/2000); y muy especialmente al Vicerrector de Extensión Universitaria de esta Universidad, Profesor Antonio Alvar Ezquerra, por haber acogido con entusiasmo nuestro proyecto y habernos prestado desde sus comienzos su inestimable apoyo y ayuda.

Dentro de los materiales complementarios del método SUEÑA, diseñado para la enseñanza del español a extranjeros desde el Nivel Inicial hasta el Nivel de Perfeccionamiento, presentamos la colección **TEXTOS LITERARIOS Y EJERCICIOS**, concebida como material de refuerzo en el aula, pero que además puede servir como libro de lectura, con independencia del método SUEÑA.

Este libro recoge diez textos literarios originales, que se corresponden con el Nivel Medio. Al principio de cada lectura se presenta una breve referencia del autor, y después del texto literario –acompañado de un vocabulario básico– se ofrece una serie de actividades, donde se trabajan el léxico y aspectos gramaticales. Por último, hay un apartado dedicado a la expresión oral y escrita.

Al final se ofrecen las soluciones a los ejercicios. En la última sección del libro se recoge el vocabulario fundamental de todos los textos.

ÍNDICE

LECTURAS
Y EJERCICIOS

MIGUEL MIHURA

LECTURA 1

El amigo de Él y Ella
(Cuento persa de los primeros padres)

Miguel Mihura (1905-1977) es un autor conocido por sus escritos teatrales y periodísticos, que brillan por una aguda y sutil ironía. Escribió *Tres sombreros de copa* (1952) y *Maribel y la extraña familia* (1959), entre otras obras.

VOCABULARIO BÁSICO

paraíso, tapia, tedio, pareja, humanidad, mal, mimbre, estampa, tertulia, matrimonio, chiste, diversión, antipatía, bichos, sutil, remedio, lástima, absurdo, bien

Él y Ella estaban muy disgustados de estar en el Paraíso porque en vez de estar solos, como debían estar, estaba también otro señor, con bigotes, que se había hecho allí un hotelito muy mono, precisamente enfrente del árbol del Bien y del Mal.

Aquel señor, alto, fuerte, con espeso bigote y con tipo de ingeniero de Caminos, se llamaba don Jerónimo y, como no tenía nada que hacer y el pobre se aburría allí en el Paraíso, estaba deseando hacerse amigo de Él y Ella para hablar de cualquier cosa por las tardes.

Todos los días, muy temprano, se asomaba a la tapia de su jardín y les saludaba muy amable, mientras regaba los fresones y unos arbolitos frutales que había plantado y que estaban ya muy majos.

Ella y Él contestaban fríamente, pues sabían de muy buena tinta que el Paraíso sólo se había hecho para ellos y que aquel señor de los bigotes no tenía derecho a estar allí y mucho menos de estar con pijama.

Don Jerónimo, por lo visto, no sabía nada de lo mucho que tenía que suceder en el Paraíso e, ingenuamente, quería hacer amistad con sus vecinos, pues la verdad es que en estos sitios de campo, si no hay un poco de unión, no se pasa bien.

Una tarde, después de dar un paseo él solo por todo aquel campo, se acercó al árbol donde estaban Él y Ella bostezando de tedio, pero siempre en su papel importante de Él y Ella.

—¿Se aburren ustedes, vecinos? —les preguntó cariñosamente.

—Pchss... Regular.

—¿Aquí no vive nadie más que ustedes?

—No. Nada más. Nosotros somos la primera pareja humana.

—¡Ah! Enhorabuena. No sabía nada —dijo don Jerónimo. Y lo dijo como si les felicitase por haber encontrado un buen empleo. Después añadió, sin conceder a todo aquello demasiada importancia:

—Pues si ustedes quieren, después de cenar, nos podemos reunir y charlar un rato. Aquí hay tan pocas diversiones y está todo tan triste...

—Bueno —accedió Él—. Con mucho gusto.

Y no tuvieron más remedio que reunirse después de cenar, al pie del árbol, sentados en unas butacas de mimbre.

Aquella reunión de tres personas estropeaba ya todo el ambiente del Paraíso. Aquello ya no parecía Paraíso ni parecía nada. Era como una reunión en Recoletos, en Rosales o en la Castellana. El dibujante que intentase pintar esta estampa del Paraíso, con tres personas, nunca podría dar en ella la sensación de que aquello era el Paraíso, aunque los pintase desnuditos y con la serpiente enroscada al árbol.

Ya así, con aquel señor de los bigotes, todo estaba inverosímilmente estropeado.

Él y Ella no comprendían, no se explicaban aquello tan raro y tan fuera de razón y lógica. No sabían qué hacer. Ya aquello les había desorganizado todos sus proyectos y todas sus intenciones.

Aquel nuevo y absurdo personaje en el Paraíso les había destrozado todos sus planes; todos esos planes que tanto iban a dar que hablar a la Humanidad entera.

La serpiente también estaba muy violenta y sin saber cómo ni cuándo intervenir en aquella representación, en la que ella desempeñaba tan principal papel.

Por las mañanas, por las tardes y por las noches don Jerónimo pasaba un rato con ellos, y allí sentados, en tertulia, hablaban muy pocas cosas y sin interés, pues realmente, en aquella época, no se podía hablar apenas de nada, ya que de nada había.

—Pues... sí —decían.

—Eso.

—¡Ah!

—Oveja.

—Cabra.

—Es cierto.

De todas formas no lo pasaban mal. Él y Ella, poco a poco, distraídos con aquel señor que había metido la pata sin saberlo, fueron olvidando que uno era Él y la otra Ella. Y hasta le fueron tomando afecto a don Jerónimo, que, a pesar de todo, era un hombre simpático y rumboso. Y los tres juntos hacían excursiones por los ríos y los valles y reían alborozados de vivir allí sin penas, ni disgustos, ni contrariedades, ni malas pasiones.

Una vez don Jerónimo les preguntó:

—¿Ustedes están casados?

Y ellos no supieron qué contestar, ya que no sabían nada de eso.

—¿Pero no son ustedes matrimonio?

—No. No lo somos —confesaron al fin.

—Entonces, ¿son ustedes hermanos?

—Sí, eso —dijeron ellos por decir algo.

Don Jerónimo, desde entonces, menudeó más las visitas. Se hizo más alegre. Presumía más. Se cambiaba de pijama a cada momento. Empezó a contar chistes y Ella se reía con los chistes. Empezó a llevarle vacas a Ella. Y Ella se ponía muy contenta con las vacas.

Ella tenía veinte años y además era Primavera. Todo lo que ocurría era natural.

—La quiero a usted —le dijo don Jerónimo a Ella un atardecer, mientras le acariciaba una mano.

—Y yo a usted, Jerónimo —contestó Ella, que, como en las comedias, su antipatía primera se había trocado en amor.

A la semana siguiente, Ella y aquel señor de los bigotes se habían casado.

Al poco tiempo tuvieron dos o tres chiquitines que enseguida se pusieron muy gordos, pues el Paraíso, que era tan sano, les sentaba admirablemente.

Él, aunque ya apreciaba mucho a don Jerónimo, se disgustó bastante, pues comprendía que aquello no debía haber sido así; que aquello estaba mal. Y que con aquellos niños jugando por el jardín, aquello ya no parecía Paraíso, ni mucho menos, con lo bonito que es el Paraíso cuando es como debe ser.

La serpiente y todos los demás bichos se enfadaron mucho igualmente, pues decían que aquello era absurdo y que por culpa de aquel señor con pijama no había salido todo como lo tenían pensado, con lo interesante y lo fino y lo sutil que hubiese resultado.

Pero se conformaron, ya que no había más remedio que conformarse, pues cuando las cosas vienen así son inevitables y no se pueden remediar.

El caso es que fue una lástima.

Cuento español de la posguerra.
Madrid, Cátedra, 1994.

EJERCICIOS PARA EL ESTUDIO DEL LÉXICO Y LA COMPRENSIÓN DEL TEXTO

1

Haz una lista con las palabras que en el texto se relacionan con el campo temático: JARDÍN.

2

Busca en el diccionario una definición para las palabras:

bigotes, tapia, tedio, pareja, estampa, pasión, remedio, estropear, trocarse.

3

Busca un sinónimo para las palabras:

paraíso, disgustados, majos, tedio, rato, diversión, butaca, sensación, estropeado, enroscada, disgustos.

4

Busca un antónimo para las palabras:

desnuditos, inverosímilmente, sentados, absurdo, violenta, alborozados, contrariedades, sutil, natural.

5

Escribe sustantivos y adjetivos derivados de los verbos siguientes:

aburrirse, regar, suceder, felicitar, estropear, trocarse, conceder, intervenir, conformarse.

6

En el texto abundan expresiones coloquiales y familiares. Escríbelas utilizando otras palabras:

1. Estaba también otro señor que se había hecho un hotelito muy mono.
2. Regaba los arbolitos que estaban ya muy majos.
3. Aquello ya no parecía Paraíso ni parecía nada.
4. Aquel señor había metido la pata sin saberlo.
5. Al poco tiempo tuvieron dos o tres chiquitines.
6. Aquello ya no parecía el Paraíso, ni mucho menos, con lo bonito que es el Paraíso cuando es como debe ser.
7. Don Jerónimo era un hombre simpático y rumboso.
8. El caso es que fue una lástima.

7

Teniendo en cuenta el texto leído, señala si son verdaderas o falsas las afirmaciones siguientes:

1. En el Paraíso había dos personas solamente............ V F
2. Estas personas eran muy felices viviendo solas............ V F
3. Ellos eran la primera pareja humana............ V F
4. Estaban casados............ V F
5. Un día apareció don Jerónimo y comenzó a darles conversación... V F
6. Este señor estropeó todos sus planes............ V F
7. Los tres juntos hacían excursiones y vivían sin disgustos ni pasiones............ V F
8. Don Jerónimo se enamoró de ella............ V F
9. Ella no quería a don Jerónimo............ V F
10. Él estaba muy enfadado y la serpiente también............ V F
11. El Paraíso no era como debía ser............ V F

8

Completa los espacios en blanco con las palabras del recuadro:

planes, serpiente, papel, ríos, representación, violenta, humanidad, lógica, raro, proyectos, distraídos, alborozados, disgustos, pasiones, afecto, excursiones, absurdo

Él y Ella no comprendían, no se explicaban aquello tan .... y tan fuera de razón y .... No sabían qué hacer. Ya aquello les había desorganizado todos sus .... y todas sus intenciones. Aquel nuevo y .... personaje en el Paraíso les había destrozado todos sus ....; todos esos planes que iban a dar tanto que hablar a la .... entera. La .... también estaba muy .... y sin saber cómo ni cuándo intervenir en aquella

.... en la que ella desempeñaba tan principal ....

De todas formas no lo pasaban mal. Él y Ella, ... con aquel señor, fueron olvidando que uno era Él y la otra Ella. Y hasta le fueron tomando .... a don Jerónimo. Juntos hacían .... por los .... y los valles y reían .... de vivir allí sin penas, ni ...., ni contrariedades, ni malas ....

9

Expresión oral y escrita

1. Este cuento evoca una situación ficticia en el Paraíso terrenal, en los orígenes de la humanidad. Compara el espacio y los personajes del cuento con lo que se nos dice en la Biblia, el libro que recoge para la tradición occidental el origen de la humanidad.

2. Según la Biblia, Adán y Eva fueron nuestros primeros padres. Pero ¿es igual para todas las culturas? Habla de otras tradiciones o culturas que conozcas.

3. Imagina el Paraíso terrenal. Trata de describirlo y di si conoces algún país que se parezca a él. ¿Qué tipo de plantas y de animales había en el Paraíso? ¿Cómo se vivía allí? ¿Por qué desapareció ese lugar tan maravilloso?

4. La pérdida del Paraíso es una imagen relacionada con el origen de las desgracias y los desastres del planeta y de la humanidad. ¿Qué piensas de ello? ¿Hace falta ser creyente o tener una religión para creer en estas teorías?

5. Se ha escrito mucho sobre la existencia de Dios. Según las diferentes religiones hay dioses diferentes. ¿Cuál es tu religión? ¿Eres practicante? ¿En qué consiste tu religión? ¿Consideras que los jóvenes practican menos que los mayores? ¿Consideras que es necesario ser religioso?

6. El Paraíso terrenal es una imagen religiosa que sirve de ejemplo a la humanidad. Existen otras imágenes en la religión católica: el cielo y el infierno. ¿Existen también en otras religiones? ¿Qué sabes de este tema? Escribe una redacción sobre una religión que conozcas bien, apuntando cuáles son sus características más señaladas.

LECTURA

MARCO DENEVI

2 *Génesis*

Marco Denevi nació en Buenos Aires en 1922. Goza de fama internacional por sus cuentos breves y microcuentos. Denevi retoma temas y tópicos conocidos en todas las tradiciones literarias para darles giros nuevos e interpretaciones insólitas. Pretende establecer una relación con el lector, al que presenta, directamente y desde el principio, sus inquietudes e intenciones. Su libro *Ceremonia secreta* fue llevado al cine con gran éxito.

VOCABULARIO BÁSICO

génesis, civilización, humanidad, guerra atómica, horror, desastre, nave, desierto, vegetación, explorar, espacial, estragos, amonestar, sobrevivir, caverna, miedo, arbitrario, frutos, flores, disgregarse, oscurecerse

Con la última guerra atómica, la humanidad y la civilización desaparecieron. Toda la Tierra fue como un desierto calcinado. En cierta región de Oriente sobrevivió un niño, hijo del piloto de una nave espacial. El niño se alimentaba de hierbas y dormía en una caverna. Durante mucho tiempo, aturdido por el horror del desastre, sólo sabía llorar y clamar por su padre. Después sus recuerdos se oscurecieron, se disgregaron, se volvieron arbitrarios y cambiantes como un sueño, su horror se transformó en un vago miedo. A ratos recordaba la figura de su padre, que le sonreía o lo amonestaba, o ascendía a su nave espacial, envuelta en fuego

y en ruido, y se perdía entre las nubes. Entonces, loco de soledad, caía de rodillas y le rogaba que volviese. Entretanto la Tierra se cubrió nuevamente de vegetación; las plantas se cargaron de flores; los árboles, de frutos. El niño, convertido en un muchacho, comenzó a explorar el país. Un día, vio un ave. Otro día vio un lobo. Otro día, inesperadamente, se halló frente a una joven de su edad que, lo mismo que él, había sobrevivido a los estragos de la guerra atómica.

—¿Cómo te llamas? —le preguntó.

—Eva —contestó la joven—. ¿Y tú?

—Adán.

Breve manual para reconocer minicuentos.
México, Universidad Autónoma Metropolitana, 1997.

EJERCICIOS PARA EL ESTUDIO DEL LÉXICO Y LA COMPRENSIÓN DEL TEXTO

1

Haz una lista de las palabras que en el texto se relacionan con el campo temático: GUERRA.

2

Busca en el diccionario una definición para las palabras:

humanidad, civilización, nave, rodillas, ruido, país, vegetación, miedo, explorar, caverna, estragos.

3

Busca un sinónimo para las palabras siguientes:

guerra, región, caverna, ruido, país, vegetación, estragos, aturdido, horror, vago.

4

Busca un antónimo para las palabras:

última, oscurecerse, desaparecer, sobrevivir, disgregarse, arbitrarios, soledad.

5

Escribe sustantivos y adjetivos de la misma familia que los verbos siguientes:

amonestar, sobrevivir, transformarse, sonreír, ascender, hallarse, rogar.

6

Teniendo en cuenta lo leído, di si son verdaderas o falsas las afirmaciones siguientes:

1. Adán sobrevivió a una guerra atómica.. V F
2. Adán era hijo de un piloto de una nave espacial.................................. V F
3. Estaba triste porque se encontraba solo... V F
4. No se acordaba de su padre nunca.. V F
5. Se alimentaba de carne y de pescado.. V F
6. Un día apareció Eva a su lado.. V F
7. Eva era una señora anciana... V F
8. Cuando se encontraron se reconocieron.. V F
9. Cuando se encontraron decidieron vivir juntos...................................... V F
10. Para entonces no había animales ni plantas en la Tierra..................... V F

7

Verbos pronominales, intransitivos y transitivos. Di de qué tipo son los verbos en las frases siguientes:

1. Sus recuerdos se oscurecieron.
2. El niño se alimentaba de hierbas.
3. La Tierra se cubrió de vegetación.
4. Un día vio un ave.
5. El niño comenzó a explorar el país.
6. Su padre lo amonestaba.
7. Las plantas se cargaron de flores.
8. Un día se halló frente a una joven de su edad.
9. El niño dormía en una caverna.

8

Tiempos del pasado: pretérito imperfecto, pretérito indefinido, pretérito pluscuamperfecto. Identifícalos y señala su valor en estas frases:

1. Toda la Tierra fue como un desierto calcinado.

2. En cierta región sobrevivió un niño.

3. El niño se alimentaba de hierbas y dormía en una caverna.

4. A ratos recordaba la figura de su padre, que le sonreía o lo amonestaba.

5. Entretanto la Tierra se cubrió nuevamente de vegetación.

6. El niño comenzó a explorar el país.

7. Un día vio un ave.

8. Otro día halló a una joven que había sobrevivido a los estragos de la guerra atómica.

9

Completa los espacios en blanco con las palabras del recuadro:

civilización, Tierra, caverna, arbitrarios, loco, flores, país, atómica, región, piloto, hierbas, nave, fuego, vegetación, frutos, caverna, llorar, nubes, sueño, rodillas, miedo

Con la última guerra ...., la humanidad y la .... desaparecieron. Toda la .... fue como un desierto calcinado. En cierta .... de Oriente sobrevivió un niño, hijo del .... de una .... espacial. El niño se alimentaba de .... y dormía en una .... Durante mucho tiempo, aturdido por el .... del desatre, sólo sabía .... y clamar por su padre. Después sus recuerdos se oscurecieron, se disgregaron, se volvieron .... y cambiantes como un ...., su horror se transformó en un vago .... A ratos recordaba la figura de su padre, que le sonreía o lo amonestaba, o ascendía a su nave espacial, envuelta en ....y en ruido, y se perdía entre las .... Entonces, ... de soledad, caía de .... y le rogaba que volviese. Entretanto la Tierra se cubrió nuevamente de ....; las plantas se cargaron de ....; los árboles, de .... El niño, convertido en un muchacho, comenzó a explorar el ....

10

Expresión oral y escrita

1. Este relato es una versión posmoderna del origen de la humanidad, con la creación de los primeros padres, Adán y Eva. ¿Qué opinas de esta versión? ¿Te parece acertada y original? ¿En qué se diferencia de la versión tradicional, la de la Biblia?

2. El relato cuenta la reconstrucción del mundo después de una guerra atómica, con una visión futurista y fantástica. Muchas películas tratan este tema apocalíptico. ¿Has visto alguna de ellas? ¿Cuál te impresionó más? ¿Cuál te pareció más verosímil y posible?

3. Las consecuencias de una guerra atómica son innumerables y terribles. Tenemos una muestra con lo que pasó en algunas ciudades japonesas en la Segunda Guerra Mundial. Comenta lo que sepas al respecto. ¿Se justifica el lanzamiento de una bomba atómica?

4. Las armas nucleares existen y son una amenaza constante para la paz mundial. ¿Por qué se fabrican estas armas? ¿Qué móviles crees que incitan a los gobiernos a fabricarlas, cuando existen otros problemas más acuciantes en los países que las fabrican? ¿Es un problema de los gobiernos o de la gente que vota a esos gobiernos?

5. Escribe una carta a un gobernante de un país, para convencerlo de la ineficacia de las bombas atómicas y explicarle las desgracias y los desastres que causan las armas nucleares.

LECTURA

JAVIER GARCÍA SÁNCHEZ

3 *El fisonomista*

Javier García Sánchez nació en Barcelona en 1955. Ha publicado varios volúmenes de relatos, entre ellos *Teoría de la eternidad* (1984) y *Crítica de la razón impura* (1992). Entre sus novelas destacan *Los amores secretos* (1987), *El mecanógrafo* (1989) y *La historia más triste* (Premio Herralde de novela 1991). En su opinión, los cuentos son estrellas fugaces que pasan ante nuestros ojos sorprendiéndonos y reconciliándonos con el sentido último de la fantasía.

VOCABULARIO BÁSICO

fisonomista, locuacidad, brillantez, rasgo, índole, innato, datos, secuencia, despliegue, archivo, cera, rompecabezas, fulgor, sudor, suficiencia, anécdota, verbalizar, arquearse, espada, portada, abalorios, locutor, gemelo, altibajos, tabique, existencia

Cuando lo conocí apenas si me prestó atención. Él era abierto y muy extravertido, de esas personas que pronto acaparan el interés de un grupo por su locuacidad y por la brillantez con la que normalmente manifiestan aquello que quieren expresar.

Como digo, al presentarnos no me dedicó más que unas pocas palabras, algo trivial y para salir del paso. Ya no recuerdo qué fue. Con el tiempo empezaríamos a ser grandes amigos. Su rasgo característico, como ya he apuntado, era el don innato de gentes, una rara capacidad que le hacía atraerse a personas de muy diversa índole. Tendría unos treinta y cinco años, llevaba barba y el pelo corto. Su nariz era aguileña y los ojos oscuros, penetrantes. Traducía del inglés como fuente habitual de ingresos y, aun careciendo del título de periodista, se dedicaba a escribir artículos en revistas de cine. Sorprendía a muchos por su memoria para ese tema, pues era un verdadero archivo ambulante de datos. Difícilmente podía resultar pedante a causa de dicha condición, que le colocaba en franca ventaja respecto a los demás a la hora de discutir, principalmente sobre cine. Su simpatía compensaba con creces ese despliegue de aparente suficiencia.

Algunas cosas más me habían contado sobre él, anécdotas o episodios sin importancia que no vienen al caso. Diré, no obstante, que el aspecto que me fascinó de tan infrecuente tipo fue algo de lo que, pese a estar más o menos al corriente, quería comprobar con mis propios ojos, averiguar si exageraban o si, por el contrario, en verdad poseía la cualidad de ser un consumado fisonomista.

Al principio no me atreví a preguntárselo de modo directo. Hablábamos mucho, sobre todo él, y creí más idóneo dejar que fuera explayándose por sí mismo. Recuerdo que una vez cogió entre sus manos una revista. Me señaló la foto de un hombre hercúleo que hacía ondear al viento su espada. Era la secuencia de una película.

—¿Ves esta cara? —dijo. Yo afirmé con la cabeza.

—Pues adivina quién es —añadió sonriendo. Tuve que rendirme ante la evidencia y reconocer que pese a los esfuerzos hechos no lograba dar con la referencia que él pretendía sonsacarme—. El forzudo aquel que aparecía en la portada de un disco doble, una antología del rock de los sesenta —repuso con aire triunfal. Ahora lo recordaba, sí, pese al evidente cambio de imagen en el cabello, los abalorios y la pésima calidad de la fotografía de aquella portada.

Casi de modo involuntario conseguí que se fomentase en él esa pasión secreta por encontrar cierto parecido entre personas. Para mí fue un juego. Era algo que lo excitaba en lo más íntimo, un reto a su imaginación. Acabó por ser una manía exteriorizada con mucha más frecuencia, incluso, de la que yo deseaba. Estábamos frente a la televisión, por ejemplo, y no podía privarse de hacer comentarios al estilo de: "Esa locutora se parece al presidente de tal país", o en plena transmisión deportiva interrumpía para decir: "Fíjate en la cara de aquel árbitro, míralo, ése: parece hermano gemelo de la esposa del panadero". Para mi sorpresa, y también debo reconocer que para mi divertimento, solía acertar siempre. No había otro vencedor sino él en ese permanente rompecabezas de los esquemas y líneas faciales.

Algún tiempo más tarde viajamos a Nueva York en compañía de varios amigos. Allí fue donde su actividad como hábil fisonomista iba a alcanzar un punto álgido. Paseábamos por una céntrica avenida y de repente afirmaba a gritos haber visto pasar dentro de un taxi a una de las esposas de Mickey Rooney, aunque terriblemente envejecida y con gafas oscuras, matizaba. Nadie lo ponía en duda, lo mismo que cuando un día, mientras caminábamos por la Quinta Avenida, se puso serio y dijo:

—Señores, acaban ustedes de cruzarse con la mismísima hija de Gary Cooper. Tiene una cara inconfundible.

Y no podía ocultar su orgullo por el efecto causado cuando, poco después, consultábamos en una voluminosa Enciclopedia del Cine para corroborar su nuevo acierto.

Nuestra amistad, como suele ocurrir a menudo, sufrió altibajos, pero ello obedecía más a problemas externos, a circunstancias ajenas a él y a mí. Una tarde, estando en su casa, empezamos a hablar sobre cosas que, medio en broma, él consideraba "serias". La fe, la existencia, la vida. Y recuerdo que era yo quien en un momento dado discernía tranquilamente sobre tales temas, cuando vi sus cejas arquearse mientras me observaba. Un extraño fulgor emanó de sus ojos, que se clavaron en los míos de manera tan intensa que casi me azoré. Sus manos transpiraban sudor y comenzó a levantarse del asiento mientras en sus mejillas nacía una pronunciada palidez. Se puso lívido, del color de la cera. Entreabrió los labios como para decir algo, pero sólo logró verbalizar un ahogado pronombre: "¿tú?", que repetiría de forma monótona y aterrorizada al tiempo que andaba hacia atrás.

—¿Cómo has tardado tanto en darte cuenta? —le dije lo más serenamente que me fue posible.

Pero ya no me oía. Intenté tranquilizarlo diciéndole que no tenía por qué preocuparse, quitándole importancia a lo que ahora le había dejado sin habla, pegado al tabique.

—Vamos —dije—, ya verás cómo no pasa nada.

Y me lo llevé.

Cuento español contemporáneo.
Madrid, Cátedra, 1997.

EJERCICIOS PARA EL ESTUDIO DEL LÉXICO Y LA COMPRENSIÓN DEL TEXTO

1

Haz una lista con las palabras que en el texto se relacionan con el campo temático: FISONOMÍA.

2

Busca en el diccionario una definición para las palabras:

fisonomista, locuacidad, despliegue, abalorios, portada, cera, rompecabezas.

3

Busca un sinónimo de:

hercúleo, pedante, consumado, triunfal, pésima, parecido, rompecabezas, álgido, altibajos.

4

Busca un antónimo de:

suficiencia, aparente, innato, acertar, serenamente, hábil, voluminosa, monótona.

5

Escribe sustantivos y adjetivos derivados de los verbos siguientes:

manifestar, explayarse, emanar, azorarse, ondear, acertar, discernir, matizar.

6

Escribe con otras palabras las frases siguientes:

1. Cuando lo conocí apenas si me prestó atención.
2. Su simpatía compensaba con creces ese despliegue de aparente suficiencia.
3. Nuestra amistad, como suele ocurrir a menudo, sufrió altibajos.
4. No podía ocultar su orgullo por el efecto causado.
5. Su rasgo característico era el don innato de gentes.
6. Se puso del color de la cera.
7. Sólo logró verbalizar un ahogado pronombre.
8. ¿Cómo has tardado tanto en darte cuenta?

7

Teniendo en cuenta lo leído, di si son verdaderas o falsas estas afirmaciones:

1. El fisonomista era cerrado e introvertido .... V F
2. Era periodista y escribía artículos sobre cine .... V F
3. Era pedante y se creía superior a los demás .... V F
4. Acertaba siempre en los parecidos entre personas .... V F
5. En Nueva York demostró su habilidad en grado extremo .... V F
6. Su amigo, el narrador del relato, acrecentó en él la pasión de fisonomista .... V F
7. Eran amigos desde niños .... V F
8. Al final, resulta que el narrador es el doble del fisonomista .... V F
9. El fisonomista se pone nervioso porque no acierta un parecido .... V F
10. Los dos amigos se parecían mucho .... V F

8

Completa los espacios en blanco con las palabras del recuadro:

simpatía, penetrantes, ingresos, índole, ventaja, periodista, cine, suficiencia, ambulante, rasgo, capacidad, innato, aguileña, pedante, artículos, fisonomista, despliegue, cualidad

Su .... característico, como ya he apuntado, era el don .... de gentes, una rara .... que le hacía atraerse a personas de muy diversa .... Tendría unos treinta y cinco años, llevaba barba y el pelo corto. Su nariz era .... y los ojos oscuros, ... Traducía del inglés como fuente habitual de .... y, aun careciendo del título de ...., se dedicaba a escribir .... en revistas de .... Sorprendía a muchos por su memoria para ese tema, pues era un verdadero archivo .... de datos. Difícilmente podía resultar .... a causa de dicha condición, que le colocaba en franca .... respecto a los demás a la hora de discutir, principalmente sobre .... Su .... compensaba con creces ese .... de aparente .... Poseía la .... de ser un consumado ....

9

Expresión oral y escrita

1. En el texto se refleja una situación peculiar: la obsesión de un hombre por encontrar parecido físico y semejanzas entre las personas. ¿Conoces a alguien que posea la cualidad del protagonista? ¿Te has encontrado alguna vez en una situación semejante? ¿Te han confundido con alguien en alguna ocasión? ¿Tienes el don de encontrar parecidos entre las personas?

2. El cuento termina con suspense. Escribe la resolución del texto, que no se incluye implícitamente en el cuento, pero que se supone. ¿Qué ha pasado entre estos dos amigos? Elabora un diálogo entre ellos que continúe, de alguna manera, el cuento.

3. ¿A quién te pareces tú? Lo normal es parecerse a los padres, abuelos y hermanos. Pero ¿a quién te gustaría parecerte? ¿Por qué?

4. El cuento es un tanto irónico, puesto que da mucha importancia a un hecho –el ser buen fisonomista– que no es una cualidad trascendental. ¿Conoces a alguien que tenga una obsesión o una manía de cualquier tipo, hasta el punto de convertirla en el eje de su vida? (Por ejemplo: estar muy delgado, tener músculos, estar moreno...)

LECTURA

CARMEN BOTELLO

4 *La noche larga*

Carmen Botello nació en Tenerife en 1956. Actualmente vive en Valencia, donde trabaja como periodista. En 1996 ganó el Premio Internacional de Narrativa de Mujeres, y sus relatos se han publicado en la editorial Horas y Horas, de Valencia, con el título *Todo va de cuentos.* El cuento que sigue pertenece a dicha colección.

VOCABULARIO BÁSICO

legajos, archivo, tormento, fantasma, garganta, surcos, barrera, abismo, terror, cajón, estante, duda, enfermera, convencimiento, avalancha, víctima, tormenta, cristal, ventanal, despacho, frente, delirante, fragor, fiebre, reguero, acecho, frialdad, lucidez

Soñé que te encontraban por la mañana, minutos antes de las ocho, medio muerta de frío entre los polvorientos legajos amarillos y hediondos del archivo de la casa. Soñé que tu cuerpo frágil y enjuto se doblaba sobre la mesa de tu despacho perdido en la laberíntica biblioteca podrida y oscura de la casa.Tus lágrimas, de desesperación primero, y de miedo resignado después, dibujaban en tu rostro infantil, de permanentes y asombrados ojos, unos surcos salados y resecos que resbalaban hasta la barbilla temblorosa y terminaban al filo de la garganta, irritada de tanto gritar y pedir socorro.

Durante largas horas me persiguió el tormento, esta noche, de tu rostro pálido y dolorido, que gritaba. Y de tu risa, cuando comprendiste, en un momento, que la trampa había sido abierta y que finalmente habías caído en ella.

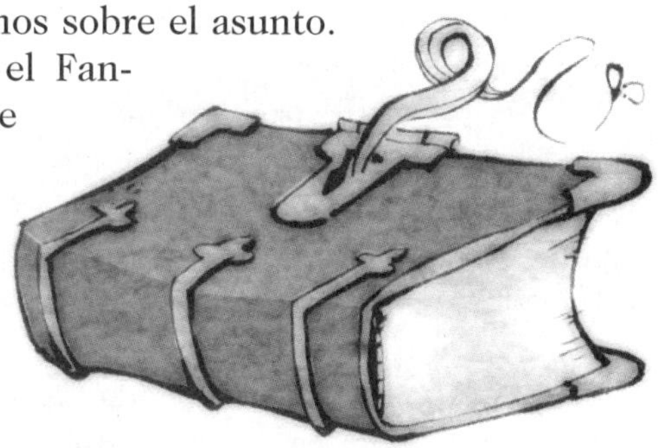

Muchas veces bromeábamos sobre el asunto. Discutíamos si en realidad el Fantasma del Archivo, del que todos sabíamos que se alimentaba de legajos y que, opcionalmente, enriquecía su dieta con la energía desprendida por el horror de algún incauto, podría alguna vez apoderarse de nosotros. Acuérdate de que comentábamos siempre que el Fantasma no conseguiría romper nuestra barrera; no podría subyugarnos con su lengua fría y grande; no nos lanzaría al abismo del terror.

Cuando te enviaron sola a aquella sala del edificio nos reímos. Dijimos que, finalmente, podríamos atraparlo tirándole, precisamente, de su lengua voraz y atrevida.

Soñé que, una vez probadas todas las llaves que pudiste encontrar por los cajones y estantes y después de cerciorarte una vez más de que la tuya, por alguna razón, se había esfumado, volviste despacio desde la puerta principal del archivo hasta el rincón de tu despacho. Cuando regresaste a tu mesa te asaltó, como una avalancha, el convencimiento de que la llave te había sido robada. Soñé que te reías entonces, medio víctima del pánico pero aferrada aún a la idea de la lucidez por encima de todo. Una lucidez cada vez más lejana. Porque por fin debías empezar a reconocer que te tenía atrapada. Y te inquietaste. Y te rebelaste, lloraste, y volviste a reír y quisiste ser razonable y quizá, en algún momento de esa noche, lo pudiste conseguir. Siempre me has parecido valiente.

Soñé contigo anoche pero, cuando desperté confusa esta mañana, me asaltó de repente una duda extraña y horrible. Un miedo salvaje, distinto a todos los malestares que regularmente me producen las pesadillas.

La tormenta abrió los ventanales de tu despacho y rompió los cristales. Algo debió de golpearte porque, cuando te encontraron aterida, empapada por la lluvia furiosa, una larga y limpia herida que ya no sangraba te cruzaba la frente. Me lo dijeron nada más llegar y comprendí por qué, cuando salí de casa, el malestar comenzó a ser más preciso. A pesar de ello, nunca imaginé que tuviera que susurrar mi sueño de este modo: tú, delirante, con los ojos llenos de imágenes remotas y terribles. La enfermera, un ser odioso que quiere deshacerse de mí, me asegura que no tienes pulmonía a pesar de la fiebre. Es una hipócrita. Algunos creen que sólo te asustaste por el fragor de la lluvia que casi inunda el despacho y que llegó, en un reguero torpe, hasta el pasillo principal, pero yo sé que su frialdad te ha traspasado por completo y para siempre, y no entiendo cómo escapaste de morir después de tantas horas mojada y a oscuras, sola, tan fría..., estando el Fantasma allí, aún en acecho.

La gata roja y otros cuentos tristes.
En *Todo va de cuentos.* Valencia, Horas y Horas, 1997.

EJERCICIOS PARA EL ESTUDIO DEL LÉXICO Y LA COMPRENSIÓN DEL TEXTO

1

Haz una lista con las palabras que en el texto se relacionan con el campo temático: FANTASMA.

2

Busca en el diccionario una definición para las palabras:

archivo, fantasma, pánico, legajo, surco, tormento, tormenta, barrera, abismo, acecho.

3

Busca un sinónimo para las siguientes palabras:

temblorosa, podrida, asombrados, laberíntica, horror, voraz, avalancha, pánico, lucidez.

4

Busca un antónimo para las palabras siguientes:

atrevida, valiente, confusa, malestar, incauto, odioso, torpe, infantil, frágil, permanente.

5

A partir del texto, haz una lista de algunos adjetivos calificativos con los sustantivos a los que califican.

6

Escribe con palabras diferentes las frases siguientes:

1. Muchas veces bromeábamos sobre el asunto.
2. Cuando regresaste a tu mesa te asaltó el convencimiento de que la llave te había sido robada.
3. Siempre me has parecido valiente.
4. La enfermera me asegura que no tienes pulmonía a pesar de la fiebre.
5. Es una hipócrita.
6. No entiendo cómo escapaste de morir después de tantas horas mojada y a oscuras.
7. Estando el Fantasma allí, aún en acecho.

7

Teniendo en cuenta el relato leído, di si son verdaderas o falsas las afirmaciones siguientes:

1. La narradora es amiga de la protagonista del relato .... V F
2. La narradora sueña que su amiga es atacada por un fantasma .... V F
3. El fantasma vive en el archivo de la biblioteca .... V F
4. El fantasma se alimenta de personas incautas .... V F
5. A la protagonista le han robado la llave del despacho .... V F
6. La protagonista tiene pulmonía a causa de la tormenta .... V F
7. La narradora tiene una pesadilla .... V F
8. El fantasma aparece de día .... V F
9. La protagonista aparece con una herida en la frente .... V F
10. El fantasma ha dejado libre a su víctima .... V F

8

El pasado. Señala los valores de los tiempos en las frases siguientes:

1. Soñé que te encontraban por la mañana medio muerta de frío.
2. Muchas veces bromeábamos sobre el asunto.
3. Comentábamos siempre que el fantasma no conseguiría romper nuestra barrera.
4. Cuando regresaste a tu mesa te asaltó el convencimiento de que la llave te había sido robada.
5. Y te rebelaste, lloraste, y volviste a reír y quisiste ser razonable y quizá lo pudiste conseguir.
6. La tormenta abrió los ventanales de tu despacho y rompió los cristales.
7. Cuando te encontraron aterida, una larga y limpia herida que ya no sangraba te cruzaba la frente.

9

Completa los espacios en blanco con las palabras del recuadro:

lágrimas, miedo, rostro, barbilla, garganta, frágil, despacho, biblioteca, mañana, muerta, legajos, archivo, socorro, tormento, risa, ojos, surcos, trampa

Soñé que te encontraban por la ...., minutos antes de las ocho, medio .... de frío entre los polvorientos .... amarillos y hediondos del .... de la casa. Soñé que tu cuerpo .... y enjuto se doblaba sobre la mesa de tu .... perdido en la laberíntica .... podrida y oscura de la casa. Tus ...., de desesperación primero, y de .... resignado después, dibujaban en tu .... infantil, de permanentes y asombrados ...., unos .... salados y resecos que resbalaban hasta la .... temblorosa y terminaban al filo de la ...., irritada de tanto gritar y pedir ....

Durante largas horas me persiguió el ...., esta noche, de tu rostro pálido y dolorido, que gritaba. Y de tu ...., cuando comprendiste, en un momento, que la .... había sido abierta y que finalmente habías caído en ella.

10

Expresión oral y escrita

1. Este cuento se inscribe dentro de los llamados "fantásticos" porque intervienen personajes que viven fuera de la realidad, como el Fantasma del Archivo. ¿Cuál es el origen de los fantasmas? ¿Por qué son tan importantes en la literatura? ¿Qué características se les atribuyen? Habla de algún fantasma famoso y conocido de la literatura, el cine, etc.

2. Otros seres irreales, semejantes a los fantasmas, son las hadas, los genios, los duendes, los gnomos y los vampiros. ¿Qué sabes de estos seres? ¿Crees en ellos? ¿Existen en todas las culturas?

3. Estos personajes fantásticos influyen mucho en los niños, ya que la infancia es una época de la vida de las personas que se caracteriza por la ingenuidad y la inocencia. Así, los niños son especialmente vulnerables a la influencia de estos personajes irreales y fantásticos. ¿Recuerdas si cuando eras niño te influyeron algunos de estos personajes?

4. El cuento narra cómo el Fantasma del Archivo ataca a una empleada. Se comentó hace tiempo que en Madrid aparecía un fantasma, de noche, en el palacio de Linares, por lo que muchos empleados se negaron a trabajar de noche. ¿Qué piensas de este hecho? ¿Crees que realmente se aparecía un fantasma?

5. El miedo y el terror hacen que la imaginación cree sus propios fantasmas. Escribe una redacción fantástica en la que el protagonista sea un fantasma.

LECTURA

ANA MARÍA FAGUNDO

5 *El banquete*

Ana María Fagundo nació en Tenerife en 1938. Es profesora de literatura española en Riverside (California). Ha publicado poemarios: *Brotes* (1965), *Isla adentro* (1969), *Diario de una muerte* (1970), *Configurado tiempo* (1974), *Invención de la luz* (1978), *Desde Chanatel, el canto* (1981), *Como quien no dice voz alguna al viento* (1984), *Retornos sobre la siempre ausencia* (1989) e *Isla en sí* (1990). En 1998 apareció su *Antología poética*, publicada en Italia. En 1999 publicó su último libro de poemas: *Trasterrado marzo.*

VOCABULARIO BÁSICO

banquete, crujir, manjares, esferas, corteza, riqueza, mandarinas, brindar, error, terciopelo, comensal, elixires, aniquilar, daga, pupilas, estilete, peras, naranja, melón, sandía, ciruelas, nueces, fresas, manzana, limones, satén

La mesa rebosa de manjares: el vino atrapado en sus esferas de uvas redondas y oscuras; el melón todo amarillo bajo su falsa corteza de coco; diminutas aceitunas con sus blandas lenguas rojas; protuberantes limones encendidos. La mesa se crece plena de palpitante riqueza.

Veo sus manos pálidas acariciar el terciopelo de un melocotón. Sus labios porfían por sentir el contacto suave de la piel vegetal. Sé que su mano ascenderá, blanca de nieve, hasta los labios ligeramente rosados y que la fruta sentirá la daga de leves dientes blancos. Sé que, entonces, la fruta dejará de existir voluptuosa sobre la mesa de palpitante riqueza.

Yo, invitado especial a este banquete, me siento ligeramente sobrecogido. La fruta me intimida. Me intimida el leve ceño de su mirada y hasta su silenciosa voz acalla mi intento de palabra. A todo asisto fascinado. Pruebo lo que se me da. Las agujas líquidas de los gajos de naranja me escuecen en los ojos. El jugo jubiloso de las fresas me tiñe la boca de alegría.

Pero en este banquete estoy por error. No es mío este asiento. Estoy de prestado en esta silla. Esta mesa plena de riqueza no es la mía. Intuyo la equivocación pero me quedo agazapado, sonriente quizás, esperando el milagro de un puesto permanente en este extraño banquete. Mientras tanto observo fascinado a mi comensal, cuya blanca mano ahora acaricia el satén de una manzana roja. Sé que la manzana también se quedará desnuda mostrando su débil esqueleto de transparentes membranas y diminutas semillas oscuras.

Sé que no debo estar aquí. Ésta no es mi mesa ni mi comida. Pero me han invitado con tan suave insistencia...

Aquí estoy, he de confesar que feliz, imantado de remota alegría. Las frutas me brindan dones de mágicos elixires hasta ahora no probados.

Crujen las líquidas carnes de la sandía. Mi comensal —labios ligeramente rosados, dientes blancos— se hunde en el borboteo gozoso de la diminuta catarata enrojecida. Sobre un plato olvidado van cayendo semillas negras, sin vida.

¿Y si me fuera? ¿Si huyera sin decir nada? ¿Quién me ata a esta silla? Huir a una mesa sobria donde reine la alegría comedida de manjares más austeros: nueces, algún pescado, un vino áspero y viejo. Huir de este banquete voluptuoso, que hincha mis venas con un cántico desmedido. Pero sigo sentado viendo su boca henchirse de líquidas carnes suaves que crujen mordidas por sus leves dientes blancos.

Acepto aunque no entienda esta extraña invitación. Brindo, hundiendo mis labios, atenazando entre mis dientes la tersura de la ciruela, la pequeñez de la guinda, el agrio grito del limón, la concentrada naranja mandarina.

Su mano descansa sobre el borde de la mesa. Me mira. Veo por primera vez unos ojos de color verde de prado, verde oro de limón, verde amarillo de pera madura. Siento que mi silla se tambalea. Siento que titubean mis manos. Siento que ha sido todo un error: que este puesto no es mío, que no soy el comensal que se esperaba.

Una sombra alta, afilada, cae sobre la mesa plena de palpitante riqueza. La sombra está a mi lado. Espera una silla vacía. Yo, sin comprender, miro la sombra, que tiene manos, ojos, labios, que tiene un cuerpo ávido de manjares. Pero no quiero perder mi puesto. Quiero quedarme en mi silla, participar de la alegría que por equivocación me han brindado. Mas la sombra no se aleja. Mi comensal me mira y el blancor helado de sus manos se refleja en la daga de sus pupilas.

La sombra alargada espera a que se desocupe mi silla. "Aquí hay una equivocación. ¡A mí me han invitado a este banquete! Señores, yo protesto. Atentan contra mi derecho a la alegría. Yo quiero, ahora que lo he probado, que este banquete no cese. Que no me quiten la silla ni mi puesto en esta mesa plena de manjares y riquezas. Yo quiero. Yo exijo. Yo..."

La sombra se ha vuelto blanca, heladamente de nieve, agudo estilete que apunta a la silla donde estoy sentado. Las esferas relucientes de las uvas se ablandan, se desmadejan, y un hililo viscoso corre lentamente por la mesa.

Pierdo mi puesto. La sombra me ha aniquilado.

La miríada de los sonámbulos.
Miami, Ediciones Universal, 1994.

EJERCICIOS PARA EL ESTUDIO DEL LÉXICO Y LA COMPRENSIÓN DEL TEXTO

1

Haz una lista con las palabras que en el texto se relacionan con el campo temático: BANQUETE.

2

Busca en el diccionario una definición para las palabras siguientes:

manjar, riqueza, satén, terciopelo, avidez, error, comensal, semilla, catarata.

3

Busca un sinónimo para las palabras:

voluptuosa, riqueza, jubiloso, sobria, agrio, error, afilada, banquete, comensal.

4

Busca un antónimo para las palabras:

desnudo, austero, diminuta, redondas, relucientes, ablandarse, viscoso, sombra.

5

Escribe sustantivos y adjetivos de la misma familia que los verbos:

existir, asistir, intuir, aceptar, brindar, atar,
esperar,
titubear,
probar,
exigir.

6

Señala si son verdaderas o falsas las afirmaciones siguientes:

1. El narrador no ha sido invitado al banquete .... V F
2. El narrador está solo en el banquete .... V F
3. Hay mucha carne y pescados en la mesa .... V F
4. Al narrador le intimidan las frutas .... V F
5. El dueño de la casa llega para expulsar al narrador .... V F
6. El narrador come sandía y manzanas .... V F
7. El narrador está fascinado por la apariencia de la mesa .... V F
8. El narrador es expulsado del banquete .... V F
9. No quiere irse, y se queda allí agazapado .... V F

7

Haz una lista con algunas de las frutas que aparecen en el texto, junto con los adjetivos y las palabras que las describen.

8

Completa los espacios en blanco con las palabras del recuadro:

fascinado, agujas, fresas, boca, vino, esferas, melón, aceitunas, riqueza, banquete, fruta, limones, milagro, satén, manzana, coco, manjares, jugo

La mesa rebosa de ....: el ....atrapado en sus .... de uvas redondas y oscuras; el .... todo amarillo bajo su falsa corteza de ....; diminutas .... con sus blandas lenguas rojas; protuberantes .... encendidos. La mesa se crece plena de palpitante .... Yo, invitado especial a este ...., me siento ligeramente sobrecogido. La .... me intimida. Me intimida el leve ceño de su mirada y hasta su silenciosa voz acalla mi intento de palabra. A todo asisto .... Pruebo lo que se me da. Las .... líquidas de los gajos de naranja me escuecen en los ojos. El .... jubiloso de las .... me tiñe la .... de alegría. Esta mesa plena de riqueza no es la mía. Intuyo la equivocación pero me quedo agazapado, sonriente quizás, esperando el .... de un puesto permanente en este extraño banquete. Mientras tanto observo fascinado a mi comensal, cuya blanca mano ahora acaricia el .... de una .... roja.

9

Expresión oral y escrita

1. El cuento describe un magnífico banquete donde abundan las frutas. ¿Qué piensas del banquete descrito en el texto? ¿Cuál sería para ti el banquete ideal? ¿Qué manjares añadirías a ese banquete? ¿Y la carne? ¿Y el pescado? ¿Piensas que estos alimentos son indispensables para preparar un banquete exquisito?
2. ¿Qué otras cosas pondrías en la mesa, para que el banquete fuera aún más excepcional? ¿Crees que es importante la decoración de una mesa?

¿Influye en que la comida sea más sabrosa? ¿Piensas que la decoración ha de ser diferente según la época? ¿Pones la mesa de manera muy especial en alguna ocasión?

3. En el texto, el narrador se siente extraño en la mesa, a pesar de reconocer que ha sido invitado. ¿Te has sentido molesto(a) en alguna ocasión en que te hayan invitado? ¿Prefieres tener invitados o que te inviten? Imagina y describe a un invitado especial, a tu invitado ideal. ¿A quién invitarías a tu mesa? ¿Qué le ofrecerías?

4. ¿Por quién te gustaría ser invitado(a)? Imagina una situación en la que un personaje famoso te invita a comer. ¿De qué hablarías con él o con ella? ¿Qué le preguntarías?

5. Las ceremonias familiares: bodas, bautizos, comuniones, son ocasiones para disfrutar de los banquetes. Escribe una redacción describiendo un banquete –excepcional o sencillo– al que hayas asistido alguna vez.

CARLOS FUENTES

LECTURA

6 *La peste*

Carlos Fuentes nació en 1928. Este autor mexicano desempeñó un papel de capital importancia en la narrativa conocida con el nombre de "Boom latinoamericano". Es autor de numerosas novelas, artículos y ensayos literarios, entre los que destacan: *La región más transparente* (1958), *La muerte de Artemio Cruz* (1962), *Cambio de piel* (1967), *Gringo viejo* (1985), *Cristóbal Nonato* (1987), etc. Su última novela, *Los años con Laura Díaz* (1999), recorre la historia del siglo XX mexicano. Ha recibido los siguientes premios: Biblioteca Breve (1967), Rómulo Gallegos (1977), Alfonso Reyes (1979) y el Premio Cervantes (1987).

VOCABULARIO BÁSICO

úlceras, detritus, cárcel, prisionero, sobreviviente, alabarderos, alcaide, sentencia, trato, carreta, cráter, vara, hostia, vestimenta, peste, cadáver, mendigos, hogar, infectados, sepulcros, atmósfera, conventos, monje, vinagre

Los cadáveres yacen en las calles y las puertas están marcadas con cruces velozmente pintadas. Las banderas amarillas son azotadas por un viento rencoroso en los altos torreones. Los mendigos no se atreven a mendigar; sólo miran a un hombre perseguir a un perro alrededor de la plaza, finalmente capturarlo y luego matarlo a garrotazos, pues se dice que los animales son culpables de la pestilencia. Los enfermos han sido arrojados de sus hogares; deambularon en soledad y al cabo se han reunido con los otros infectados alrededor de las pilas de basura. Los cuerpos ennegrecidos flotan en el río y los peces negros mueren

en las riberas contaminadas. Los sepulcros abiertos son incendiados. Unas cuantas orquestas entristecidas tocan en las plazas, con la esperanza de disipar la capitosa atmósfera de melancolía que se suspende sobre la ciudad.

Muy pocas personas se atreven a caminar por las calles, y entonces sólo vestidas con ropones largos, negros y gruesos, guantes de cuero, botas y máscaras con ojos de vidrio y picos llenos de bergamota. Los conventos han sido clausurados; sus puertas y ventanas tapiadas. Pero un monje simple y bueno llamado Simón se ha atrevido a salir, pensando que su deber es atender y curar a los enfermos. Antes de acercarse a ellos, Simón empapa sus vestimentas con vinagre y se amarra alrededor de la cintura una faja teñida de sangre seca y adornada con ranas molidas. Cuando debe escuchar la confesión de los enfermos, siempre les da la espalda, pues el aliento de un apestado puede cubrir un cántaro de agua con una nata gris. Los afligidos se quejan y vomitan; sus úlceras negras estallan como cráteres de tinta. Simón administra los sacramentos finales humedeciendo las hostias en vinagre y luego ofreciéndolas en la punta de una larguísima vara.

La ciudad se ahoga bajo el peso de su propia basura; y casi todo el detritus no es sino cadáveres. Entonces, el Alcaide se acerca a Simón, y le pide que vaya a la cárcel y allí hable con los presos para hacerles el siguiente ofrecimiento: serán liberados al terminar la peste si ahora se prestan a trabajar en las calles, quemando a los muertos. Simón va a la cárcel y hace el ofrecimiento, no sin advertir a los prisioneros del peligro que corren; aislados en sus mazmorras se han salvado de la enfermedad; una vez fuera de ellas, recogiendo cadáveres en las calles, muchos entre ellos morirían, pero los sobrevivientes serían liberados.

Los prisioneros aceptan el trato propuesto por Simón. El sencillo monje los conduce a las calles y allí los presos comienzan a amontonar cuerpos en las carretas.

La peste en la ciudad ha terminado. Los presos entierran los últimos cuerpos y Simón el monje los ayuda. Las banderas amarillas son arriadas mientras el monje se reúne con los prisioneros alrededor de una fogata y todos hacen recuerdos del tiempo que han pasado juntos; son amigos.

Hay un silencio final y breve. Simón les anuncia que ahora son libres. Muchos han muerto, es cierto; pero los sobrevivientes ganaron algo más que sus vidas; ganaron la libertad. Beben el último trago de la bota de vino cuando se acercan a ellos el Alcaide y los alabarderos. El Alcaide simplemente ordena a su compañía armada que tome a los prisioneros y los vuelva a encarcelar. Ha terminado el tiempo de la gracia. Todos los prisioneros sobrevivientes regresarán a la cárcel hasta el término de sus sentencias.

Uno de los presos escupe al rostro de Simón.

Cuerpos y Ofrendas. Antología.
Madrid, Alianza Editorial, 1971.

EJERCICIOS PARA EL ESTUDIO DEL LÉXICO Y LA COMPRENSIÓN DEL TEXTO

1

Haz una lista con las palabras que en el texto se relacionan con el campo temático: PESTE.

2

Busca en el diccionario una definición para las palabras siguientes:

peste, mendigo, hogar, máscaras, mazmorra, monje, gracia, bergamota, sentencia, úlcera.

3

Busca un sinónimo para las palabras:

mendigo, garrotazo, arrojados, infectados, hogar, ribera, mazmorra, fogata, vestimenta, cadáver, basura.

4

Busca un antónimo de:

preso, amigos, velozmente, contaminadas, entristecidas, larguísima, aislados, liberados, afligidos.

5

Escribe sustantivos y adjetivos de la misma familia que los verbos:

capturar, perseguir, yacer, incendiar, disipar, clausurar, estallar, advertir, liberar, encarcelar.

6

Escribe las frases siguientes con otras palabras:

1. Los mendigos no se atreven a mendigar.
2. Los conventos han sido clausurados.
3. Las úlceras de los infectados estallan como cráteres de tinta.
4. La ciudad se ahoga bajo el peso de su propia basura.
5. Los prisioneros aceptan el trato propuesto por Simón.
6. Ha terminado el tiempo de gracia.
7. Simón advierte a los prisioneros del peligro que corren.
8. Todos los prisioneros regresarán a la cárcel hasta el término de sus sentencias.

7

Señala si son verdaderas o falsas las afirmaciones siguientes:

1. Las calles de la ciudad están llenas de cadáveres.................................. V F
2. Las casas de los apestados están marcadas.................................. V F
3. Los presos en las cárceles están afectados.................................. V F
4. Simón es un monje enfermo.................................. V F
5. Simón ayuda a los presos a salir de la cárcel.................................. V F
6. Los presos reúnen y queman los cadáveres.................................. V F
7. A cambio, el Alcaide promete liberarlos.................................. V F
8. El Alcaide no cumple su promesa.................................. V F
9. Los presos regresan a la cárcel.................................. V F
10. Simón es el culpable de lo ocurrido.................................. V F
11. La ciudad se libra de la peste al final.................................. V F

8

Completa los espacios en blanco con las palabras del recuadro:

máscaras, conventos, monje, vinagre, cintura, confesión, afligidos, úlceras, cráteres, hostias, vara, aliento, clausurados, personas, vestidas, apestado, sacramentos

Muy pocas .... se atreven a caminar por las calles, y entonces sólo .... con ropones largos, negros y gruesos, guantes de cuero, botas y .... con ojos de vidrio y picos llenos de bergamota. Los .... han sido ....; sus puertas y ventanas tapiadas. Pero un .... simple y bueno llamado Simón se ha atrevido a salir, pensando que su deber es atender y curar a los enfermos. Antes de acercarse a ellos, Simón empapa sus vestimentas con .... y se amarra alrededor de la .... una faja teñida de sangre seca y adornada con ranas molidas. Cuando debe escuchar la .... de los enfermos, siempre les da la espalda, pues el .... de un .... puede cubrir un cántaro de agua con una nata gris. Los .... se quejan y vomitan; sus .... negras estallan como .... de tinta. Simón administra los .... finales humedeciendo las .... en .... y luego ofreciéndolas en la punta de una larguísima ....

9

Expresión oral y escrita

1. El relato describe los estragos de la peste en una ciudad, algo que ha sucedido y que incluso está sucediendo en algunos lugares. Enumera los desastres causados por la peste en el relato.
2. ¿Sabes cómo se propaga la peste? ¿Qué es lo que la provoca? Si has leído, escuchado o visto algún documento sobre este tema, coméntalo. ¿Recuerdas alguna peste famosa en la historia? ¿Por qué hoy día es menos frecuente que en la Edad Media, por ejemplo? ¿Cómo se combate la peste?
3. La peste es muy contagiosa. ¿Conoces otras enfermedades contagiosas? ¿Dónde se dan y cómo se contagian?
4. En el relato se manifiesta la bondad de Simón, frente al interés del Alcaide y de los presos. Describe las personalidades de Simón, de un preso y del Alcaide. ¿Qué intereses los mueven a cada uno de ellos a hacer lo que hacen?
5. Escribe una redacción sobre una ciudad invadida por la peste.

JUAN ARMANDO EPPLE

LECTURA 7

Bebiendo de esa sed

Juan Armando Epple nació en Osorno (Chile) en 1946. En 1990 obtuvo el premio del Concurso Nacional de Cuentos La Época. Es profesor de literatura hispánica en la Universidad de Oregón (Estados Unidos) y entre sus múltiples publicaciones dedicadas al cuento destaca el *Breviario de cuentos breves latinoamericanos* (1996). El presente cuento forma parte de la colección titulada *Con tinta sangre* (1999).

VOCABULARIO BÁSICO

sed, nueva, golpe, sangre, mocetón, lanza, cacique, consejo, jefe, tribu, destino, capitán, anciano, océana, partida, sementera, esclavitud, humillación, oro, ira, deuda, amenaza, mina, derretir, gota, caldero, burbujeante

Cuando corrió la nueva de que el capitán caído era el mismo Pedro de Valdivia, todos corrimos a verlo. Lo traían entre dos mocetones, y apenas podía sostenerse en pie, pues le manaba sangre del golpe en la cabeza. Alguien le pasó la mano por el pelo para comprobar si su sangre era como la nuestra. Los más exaltados reclamaron el derecho a ajusticiarlo con su lanza. Pero el cacique ordenó que lo dejaran reposar, hasta que se reuniera el consejo. Llamaron a los jefes de las otras tribus y estuvieron deliberando hasta el amanecer. Pero como no llegaron a una decisión unánime, le pidieron al cacique más antiguo que diera su parecer sobre el destino que merecía el capitán.

El anciano se levantó y, extendiendo la mirada más allá de los campos, hacia la dirección de la mar océana, explicó:

"El capitán don Pedro de Valdivia ha venido desde el otro lado del mundo con su partida de hombres de a caballo y con sus lanzas de acero.Trajo el dolor y la muerte a nuestros campos, la esclavitud a nuestros hombres y la humillación a nuestras mujeres. Porque él no vino a levantar su casa o a cultivar las sementeras. A buscar oro vino. Es justo entonces que, para calmar su ira, para que no vuelva a cobrarnos esa deuda, apacigüemos toda la sed que lo domina. Así él se irá satisfecho y nosotros podremos vivir otra vez sin amenazas a la paz de la tierra".

Aquellos que habían aprendido en las minas del norte el arte de derretir el oro prepararon un caldero burbujeante, que brillaba más que la cabeza dorada del prisionero, y se lo hicieron beber hasta que no quedó gota de ello. De lo que se maravilló toda la tierra.

Con tinta sangre. Santiago de Chile,
Ediciones Mosquito, 1999.

EJERCICIOS PARA EL ESTUDIO DEL LÉXICO Y LA COMPRENSIÓN DEL TEXTO

1

Haz una lista con las palabras que en el texto se relacionan con el campo temático: TRIBU.

2

Busca en el diccionario una definición para las palabras siguientes:

tribu, cacique, capitán, oro, mina, caldero, sementera, deuda, lanza, nueva, gota.

3

Busca un sinónimo para las palabras:

nueva, caído, golpe, exaltados, reposar, unánime, jefe, destino, burbujeante, satisfecho.

4

Busca un antónimo para las palabras:

amanecer, antiguo, muerte, dolor, esclavitud, humillación, buscar, calmar, paz, ira.

5

Escribe sustantivos y adjetivos de la misma familia que los verbos:

manar, comprobar, ajusticiar, deliberar, merecer, buscar, derretir, maravillarse.

6

Señala si son verdaderas o falsas las afirmaciones siguientes:

1. Pedro de Valdivia es hecho prisionero por sus enemigos........................ V F

2. Sus enemigos lo quieren matar antes de juzgarlo.................................. V F

3. Valdivia es declarado inocente en el juicio... V F

4. Valdivia había ido a buscar oro a ese lugar... V F

5. Valdivia tenía mucha sed durante el juicio.. V F

6. A Valdivia le dan oro como bebida... V F

7. Los asistentes se sorprendieron mucho de la sentencia.......................... V F

8. El cacique más joven dio la orden de matar a Valdivia............................ V F

9. Valdivia se puso de color amarillo... V F

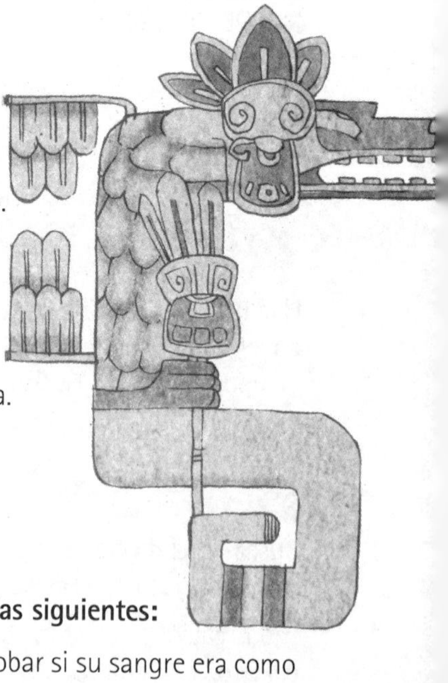

7

Escribe con otras palabras las frases siguientes:

1. Cuando corrió la nueva, todos corrimos a verlo.

2. Valdivia apenas podía sostenerse en pie.

3. Le manaba sangre del golpe en la cabeza.

4. Trajo el dolor y la muerte a nuestros campos.

5. Es justo que apacigüemos la sed que lo domina.

6. De lo que se maravilló toda la tierra.

8

Comenta los valores de las oraciones subordinadas siguientes:

1. Alguien le pasó la mano por el pelo para comprobar si su sangre era como la nuestra.

2. El cacique ordenó que lo dejaran reposar.
3. Le pidieron al cacique más antiguo que diera su parecer.
4. Para que no vuelva a cobrarnos esta deuda.
5. Es justo que apacigüemos la sed que lo domina.
6. Se lo hicieron beber hasta que no quedó gota de ello.

9

Completa los espacios en blanco con las palabras del recuadro:

humillación, sementeras, oro, ira, partida, lanzas, dolor, esclavitud, anciano, océana, capitán, sed, satisfecho, amenazas, tierra, mirada, caballo, deuda

El .... se levantó y, extendiendo la .... más allá de los campos, hacia la dirección de la mar ...., explicó:

"El.................................... don Pedro de Valdivia ha venido desde el otro lado del mundo con su .... de hombres de a .... y con sus .... de acero.Trajo el .... y la muerte a nuestros campos, la .... a nuestros hombres y la .... a nuestras mujeres. Porque él no vino a levantar su casa o a cultivar las .... A buscar .... vino. Es justo entonces que, para calmar su ...., para que no vuelva a cobrarnos esa ...., apacigüemos toda la.................................... que lo domina. Así él se irá .... y nosotros podremos vivir otra vez sin .... a la paz de la ....".

10

Expresión oral y escrita

1. ¿Quién era Pedro de Valdivia? Habla con tus compañeros acerca de este personaje y de sus hazañas. Junto a Valdivia existen otros españoles célebres, conocidos por el mismo tipo de aventuras y acciones. ¿Quiénes son estos personajes? Habla de ellos. ¿Qué opinas de lo que hicieron?

2. En el cuento se relatan el apresamiento de Pedro de Valdivia y el juicio por el que se le condena a morir. ¿Qué piensas del veredicto del anciano cacique? ¿Cómo se explica este veredicto? ¿Lo encuentras justo o injusto?

3. Escribe una redacción que incluya un monólogo interior de Pedro de Valdivia mientras lo tienen preso y se está celebrando el juicio.

4. La última frase del texto: "De lo que se maravilló toda la tierra", tiene resonancias apocalípticas. ¿Qué pretende el narrador al relatar este acontecimiento? ¿Esconde algún mensaje esta frase? ¿En qué tiempo y espacio se sitúa la narración? ¿Por qué son importantes estos datos?

5. Este tipo de relato es una versión de los primeros documentos que existen sobre la conquista de América, las Crónicas. ¿Qué sabes de estas obras y de su relevancia en el siglo XVII? ¿Por qué fueron tan importantes en su época? ¿Tienen hoy el mismo valor?

6. La crónica está muy cerca del periodismo. ¿Lees los periódicos? ¿Crees que es necesario estar al día y saber lo que pasa en el mundo? ¿Prefieres leer el periódico o escuchar las noticias en la TV? Razona tu respuesta.

LECTURA

GASTÓN SUÁREZ

8 El forastero y el candelabro de plata

Gastón Suárez (1928-1984). Este escritor boliviano, abogado de profesión, es más conocido como cuentista, especialmente por su colección *Vigilia para el último viaje* (1963). Sus cuentos tratan cuestiones de tipo social y emocional.

VOCABULARIO BÁSICO

forastero, candelabro, destellos, escalofrío, comisario, revoque, almanaque, muslos, senos, empero, rictus, tesoro, crespos, fortaleza, vergüenza, rural, frustración, amargura, músculos, lágrimas, ceniza, tenazas, brisa, mariposa, polvo, alas, viento, molestia

Aquel ladrón podía salvarse. Dependía, únicamente, de lo que ella dijera. Una de las dos palabras: sí o no. Estaba en sus manos. Con sólo decir sí, aquel hombre, cuya mirada tenía destellos irónicos y expectantes al mismo tiempo, podía quedar libre y reanudar su camino, irse por donde había venido... o quién sabe... tal vez... por esos misterios de la vida... ella y él...

—¿Lo conoce usted?

Sintió un raro aunque ligero escalofrío. Le pareció que la voz cascada, desagradable del comisario, estaba de acuerdo con la pobreza de la habitación: apenas la mesa y la silla y en una de las paredes de revoque agrietado, lo único llamativo: un almanaque pasado que mostraba la figura, en colores, de una mujer semidesnuda. Una mujer joven y hermosa, de muslos bien torneados y senos altaneros. La mirada del comisario, del preso y de los agentes que lo sujetaban, aumentó súbitamente su angustia. Tuvo deseos de estar lejos, con sus alumnos, paseando por el campo, extasiándose con el azul límpido del cielo. Empero, ella estaba allí, en contra de su voluntad, para decidir sobre el destino de aquel hombre, que ahora le sonreía con un extraño rictus en los labios.

—Disculpe usted, pero dice que son viejos conocidos..., que puede garantizar por él...

Sí, eran viejos conocidos. Su nariz filuda marcó la dirección de su rostro. Miró la figura del almanaque. Ella había sido así, joven, bonita, llena de ilusiones. Hacía muchos años, era verdad. Pero ella era así. Aunque un poquitín más delgada. Sus ojos se achicaron al dirigirlos al preso. Éste era el que la había sumido en el mundo en el que ahora vivía. Solitaria solterona que volcaba todo su amor maternal en los niños de su escuela. Éste era el hombre que había hecho subir el rubor a sus mejillas y le había arrancado las palabras que guardaba como un gran tesoro. ¡Sí, te amo! ¡Acepto ser tu esposa! Éste era aquel que la dejó con los crespos hechos y el vestido de novia a punto de terminar.

—Se perdió el candelabro de plata de la capilla... y él es forastero en el pueblo..., pero si usted lo conoce...

Sí, claro que lo conocía. Y tanto. Había encerrado sus sentimientos en una fortaleza y nunca más ningún hombre logró hacerla sonreír. Y allí estaba ahora el causante de su misantropía, de su miedo. ¡Pobre, parecía haber caminado mucho! Jesucristo nos manda perdonar. Estaba tan viejo. Pero sus ojos no habían perdido el brillo, y sus labios, ahora recordaba bien, tenían el mismo rictus. Sí, lo conocía y con sólo decirlo en voz alta podía salvarlo.

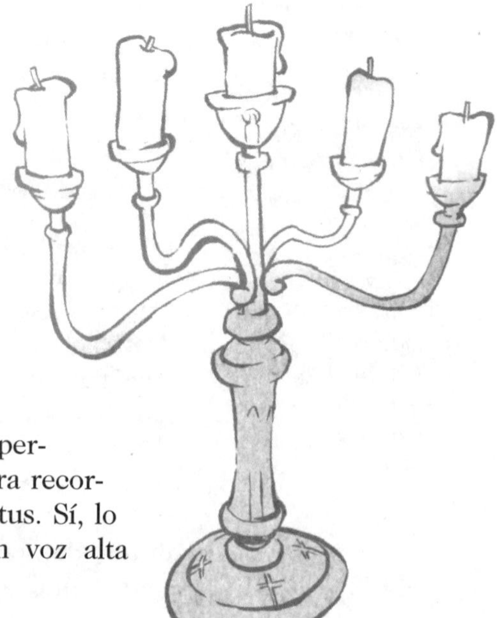

—Si no confiesa, nosotros tenemos nuestro modo y hacemos hablar hasta a los mudos...

Jesucristo nos manda perdonar. Miró el almanaque. Ella era así, joven, bonita, llena de ilusiones. Había soñado con tener su casita, sus tres hijos, su jardincito... Jesucristo nos manda perdonar... Pero cuánto había sufrido allí, en su pueblo natal. Todos se habían reído de ella. Casi se había muerto de vergüenza. Tuvo que aceptar el puesto de profesora rural. Amaba a los niños. Odiaba a los hombres. Allí estaba el causante de su soledad, de su frustración, de su amargura. Pero podía salvarlo, Jesucristo nos manda perdonar...

—Sí...

El preso sintió aflojarse sus músculos y lanzó un suspiro de alivio. Los agentes de rostro mongólico abrieron las tenazas de sus manos dejando libres los brazos del forastero.

—En ese caso...

Jesucristo nos manda perdonar. Pero cuánto había sufrido. Ya no tenía lágrimas. Su única diversión eran los niños de la escuela, durante el día. En la noche rezaba el rosario y hacía flores de papel, que vendía a los campesinos de la región. Allí estaba el que la condenó a esa clase de vida, en la que todos los días, grises, color ceniza, la dejaban medrosa, melancólica, poblada la mente de pensamientos sombríos, dilacerantes. Allí estaba el ladrón de sus ilusiones, de su felicidad soñada... Si al menos se arrepintiera y le pidiera que le perdonara y le dijera que es tiempo todavía... si al menos... Pero no, ya todo es tarde. Miró a la mujer semidesnuda. Ella había sido así. Ahora..., ahora él estaba viejo, cansado de tanto caminar, pero con el mismo brillo en los ojos y el mismo rictus en los labios...

—Si lo conoce...

—¡Sí, lo conozco! ¡Es un ladrón!

Las tenazas de las manos de los agentes se volvieron a cerrar con fuerza en las muñecas y los brazos del preso. Una brisa fría rondó por el cuarto de revoque agrietado y movió el almanaque.

El comisario y los agentes esbozaron una extraña sonrisa.

—¡Zenaida! ¡Perdóname! ¡He venido a pedirte que seas mi esposa!

Las palabras del preso salieron disparadas como livianas mariposas, que se fueron a estrellar en su nuca, y el polvo dorado de sus alas se lo llevó el viento.

Ya era tarde.

Camino de la escuela, también culpó al viento de la molestia que sentía en los ojos. No eran lágrimas. No, no. Era el viento. En los muchos años que llevaba en aquellas regiones, el viento le producía un dolor en el corazón y le irritaba los ojos. No eran lágrimas. Si ella nunca lloraba. Era el viento... el viento...

Los mejores cuentos bolivianos del siglo XX.
La Paz, Los Amigos del Libro, 1980.

EJERCICIOS PARA EL ESTUDIO DEL LÉXICO Y LA COMPRENSIÓN DEL TEXTO

1

Haz una lista con las palabra que en el texto se relacionan con el campo temático: CRIMEN.

2

Busca en el diccionario una definición para las palabras siguientes:

candelabro, forastero, almanaque, comisario, rictus, misantropía, mudo, lágrimas, amargura, tenazas.

3

Busca un sinónimo para las palabras:

ladrón, candelabro, preso, forastero, agentes, garantizar, escalofrío, rubor, tesoro, rictus, almanaque, puesto, alivio.

4

Busca un antónimo de:

solterona, medrosa, sombríos, semidesnuda, altanero, solitaria, perdonar, odiar, aflojar, poblada.

5

Escribe sustantivos y adjetivos de la misma familia que los verbos:

salvar, garantizar, sujetar, volcar, encerrar, causar, confesar, rondar, esbozar.

6

Señala si son verdaderas o falsas las afirmaciones siguientes:

1. El forastero ha robado el candelabro de plata.......... V F
2. Nadie conoce al forastero en el pueblo.......... V F
3. El comisario llama a Zenaida como testigo.......... V F
4. Esta mujer no conoce al forastero.......... V F
5. Ella lo acusa para vengarse.......... V F
6. Habían sido novios en el pasado.......... V F
7. Ella sigue amándolo.......... V F
8. Ella está casada con otro hombre.......... V F
9. El forastero quiere casarse con Zenaida.......... V F
10. Zenaida llora porque hace mucho viento.......... V F

7

Escribe las frases siguientes con otras palabras:

1. Aquel ladrón podía salvarse.
2. El ladrón estaba en manos de Zenaida.
3. Ella estaba allí contra su voluntad para decidir el destino de aquel hombre.
4. El ladrón dice que usted puede garantizar por él.
5. Si no confiesa, nosotros tenemos nuestro modo y hacemos hablar hasta a los mudos.
6. Jesucristo nos manda perdonar.
7. Había encerrado sus sentimientos en una fortaleza y nunca más un hombre logró hacerla sonreír.
8. Allí estaba el ladrón de sus ilusiones, de su felicidad soñada.
9. Pero no, ya todo era tarde.

8

Completa los espacios en blanco con las palabras del recuadro:

preso, agentes, angustia, alumnos, azul, voluntad, rictus, desgracia, destino, almanaque, semidesnuda, muslos, senos, escalofrío, comisario, pobreza, habitación, causante, amargura, figura

Allí estaba el .... de su ...., su frustración y su .... Sintió un raro aunque ligero .... Le pareció que la voz cascada, desagradable del ...., estaba de acuerdo con la .... de la ....: apenas la mesa y la silla y en una de las paredes de revoque agrietado, lo único llamativo: un .... pasado que mostraba la ...., en colores, de una mujer .... Una mujer joven y hermosa, de .... bien torneados y .... altaneros. La mirada del comisario, del .... y de los .... que lo sujetaban, aumentó súbitamente su .... Tuvo deseos de estar lejos, con sus ...., paseando por el campo, extasiándose con el .... límpido del cielo. Empero, ella estaba allí, en contra de su ...., para decidir sobre el .... de aquel hombre, que ahora le sonreía con un extraño .... en los labios.

9

Expresión oral y escrita

1. El cuento presenta a dos personas que se encuentran, después de mucho tiempo, en una situación delicada para una de ellas. Resume el cuento brevemente. Habla de estas dos personas e imagina cómo han sido sus vidas. Explica por qué se encuentran de nuevo y en qué situación.
2. La historia se desarrolla en una comisaria de provincias. Hay un acusado, un comisario, los agentes y la testigo. Es algo diferente de las escenas de juicios que presenciamos habitualmente en las películas. ¿En qué son

distintas? ¿Recuerdas alguna escena de un juicio famoso, ya sea real o ficticio? Coméntalo.

3. Los agentes y el comisario de este cuento son presentados como personas vulgares y mediocres. Escribe una redacción sobre algún policía o agente famoso por la televisión, el cine o la literatura, y compáralo con los del cuento.

4. Zenaida nos cuenta, a través de un monólogo interior, lo que ha sufrido en su vida por ese hombre acusado de robar un candelabro. Escribe un monólogo en el que el ladrón reflexione sobre su relación con Zenaida y sobre los años que han transcurrido desde que la vio por última vez.

5. ¿Se puede decir que Zenaida acusa al forastero por despecho y para vengarse? La frustración amorosa hace que ella sienta odio por los hombres. ¿Crees que es posible llegar a este tipo de situaciones cuando un hombre o una mujer engaña a su pareja? Si conoces algún caso parecido, coméntalo con tus compañeros.

MARÍA TERESA LEÓN

LECTURA

9 *El lobito de Sierra Morena*

María Teresa León (1903-1988) fue una activa defensora de la República durante la Guerra Civil, además de pertenecer al Partido Comunista, por lo que tuvo que exiliarse en 1939. Estuvo casada con Rafael Alberti. Vivió en Italia y Argentina, y entre sus obras más conocidas destacan *Cuentos de la España actual* (1935), *Juego limpio* (1959) y *Memoria de la melancolía (1970).*

VOCABULARIO BÁSICO

lobo, sierra, compadre, comadre, vellón, pulmonía, encina, cerdos, cordero, cabra, yegua, potro, trucha, flato, coz, costillas, huérfano, terreno, arriendo, tronco, cuesta, crías, herencia, justicia, cuernos, carro, perejil, arroyo, trébol, pellejo, cantos, cesto

—Hola, compadre Cordero, ¿cómo se encuentra? Veo que su vellón está tan huequecito, que no se puede dudar de la limpieza de su madre. ¡Y qué bien limpio que le manda al campo!

—¡Ay, compadre Lobo!, no lo crea usted; acabo de quedarme en el mundo desamparado. Mi madre, Vicenta, murió de una pulmonía, y mi padre, Perico, de un gran flato.

—No puedo creerte; vas todo de traje blanco, ensortijado, recién peinado, acabado de lavar. No hay dos en la pradera que más destaquen y he decidido comerte.

—Bueno, compadre Lobo; yo no quisiera molestarle en sus gustos; pero ya le he dicho que soy huérfano. De la madre Vicenta heredé este campo, y de mi padre Perico, aquella encina, que, si el año que viene no hay sequía, podrá alimentar lo menos a seis cerdos.

—Pues tienes razón, Corderillo: lo menos seis cerdos o cerdas con sus crías. ¡Qué sabrosos estarán para hincarles el diente!

—Y que usted lo diga, señor Lobo. Pero lo primero que he de hacer, según la justicia de herencia pide, es medir el terreno para que me den lo justo en el arriendo. Ayúdeme usted en este trance.

—Yo te ayudo; pero no vayas despacio, que se va acercando la hora de la siesta y has de hacer el testamento dejándome el terreno.

—Todo se andará. Arrímese a aquella encina de mi hacienda y aguarde a que yo llegue a aquel altillo para ojear el terreno de un golpe.

El lobo se apoyó contra el tronco, muy complaciente. Veía ya las cerdas con sus crías, las bellotas cayendo sobre sus lomos lucidos…, la sombra fresca y sola… En ese momento, en su ensueño, el Cordero se le vino encima a todo correr desde la cuesta y machacó al Lobo contra el tronco. Le rompió siete costillas y lo hizo huir, sin saber adónde, muy quebrantado del disgusto, dispuesto a no creer más en palabras de corderos.

Y siguió andando, andando sin camino y sin vereda, a través del campo. Pasando montañas de una zancada y sorbiendo los ríos de un golpe, llegó a poner las patas en un prado donde pastaba una yegua. Era limpia de color, toda blanca.

—Hola, comadre Yegua, ¿qué anda haciendo aquí; margarita como, trébol desprecio?

—Como siempre, compadre Lobo; haciendo tiempo para volver a mi casa, que mi marido extiende los manteles, limpia los vasos al sacarlos de la alacena, dobla las servilletas y acerca las sillas.

—¡Qué cosas cuenta tan graciosas! ¡Ay, ay, que no puedo reírme! Siete costillas llevo rotas por una apuesta con un cordero. Él se mató y yo me quebré.

—¿Y qué apostaron?

—Pues ahí es nada: a ver quién tiraba una encina a cabezazos.

—¿Y la piel del cordero?

—No quieren pieles de cordero en la feria, sino de yegua. Prepárate, que me voy a comer tu potro, que debe de saber a mieles.

—¡Ay, no! Cómame a mí también y ferie mi pellejo como mejor le convenga, antes de separarme. Pero espere un momento. Aquí, en la pata izquierda, tengo una espina enconada, que me clavé en unas zarzamoras. Mire que puede ahogarse con ella, compadre, y más no andando ya bien de las costillas. Agáchese un poquitín y mírelo con sus propios ojos, o saque las gafas si se cansó ya de la vista.

—Buenos están mis ojos para ver espinas de zarza, y sanos para descubrir una aguja en un pajar. Alza un poco la pata.

En aquel momento la yegua levantó los cascos y de una coz enorme lo envió con sus costillas rotas a dar en un arroyo lleno de piedras. Allí estaba una cabra bebiendo.

—¿De dónde llega usted tan sin aviso, compadre Lobo?

—Calle usted, comadre Cabra, que me empeñé en aprender a volar. Me compré unas alas que me até al rabo, me subí al monte más alto de la tierra, me tiré, y aquí estoy, después de haber visto los siete reinos, dando en el arroyo más lleno de piedras que hay en el mundo. Prepárese, que tengo un hambre horrible y me la voy a comer.

—¡Ay!, mire, Lobito hermoso: yo soy una pobre cabra, que nunca voló más que de peña en peña, buscando ramajos para comer. Nunca mordí a ningún animal, y si balo y toco la esquila es para avisar que se aparten para no hacerles daño con mis cuernos. Yo le aseguro que nada de provecho sacará de mis pelos, que llevan pegado todo el polvo de los caminos y que se hace barro en cuanto caen dos gotas de lluvia. El barro es muy indigesto para los lobos.

—Tengo hambre, y te voy a comer, aunque termine luego con los purgantes del boticario.

—Aguarda entonces; voy a comerme unas truchas para saberte más sabrosa.

—¿Truchas has dicho, comadre Cabra?

—Sí, truchas de las grandes, que bajan por este río. Van adormiladas por la corriente, de tanta carne como llevan en el lomo. Son más de doscientas las que he visto desde esta mañana. ¿No pescó nunca con cesto?

—¿Yo? Nunca. Es la primera vez que me hablan de pescar truchas con cesto.

—Pues va a probarlo en seguida, si se deja guiar por mí.

—Mira que tengo hambre y me rechinan los dientes de pensarlo.

—No sea tan precipitado, que la pesca fue siempre engaño para los bobos.

—¿Qué dices?

—Nada; que a carros las estoy viendo venir, y me regocijo de pensar lo sabrosa que estaré después de comerlas. Perejil e hinojo tiene en el campo; acederas hay en la fuente para comer luego una ensalada; olivas, en el monte, que den el aceite, y la sal ya le diré dónde habrá de encontrarla antes de que me coma la voz.

—Tú ya sabes, Cabrita, que te estaré muy agradecido, tanto como un lobo puede estarlo cuando tiene hambre con lo que se la quita.

—Pues agárreme aquella cesta. Métase en el río sin miedo. Así. Tráigala más cerca. Bueno, bueno. Ahora alárgeme el rabo que voy a hacerle un nudo bien fuerte con la soga que cuelga de los mimbres. No se apure, compadre: en el nudo está el secreto de pescar buenas truchas. Así. Nade siempre, nade, que las estoy viendo llegar grandes como gallinas. ¿Qué digo? Más bien parece una manada de toros de lo repletas y juntas que bajan.

El lobo nada veía. La cabra iba llenando de cantos la cesta.

—¡Ay, que ya se llena el río hasta los bordes! ¡Truchas, truchas del color de los membrillos! ¡Baila, baila, Lobo, lirón, bellaco, espantaniños! Mira cómo se llena tu cesta. Para que tengas también sal para aderezarme, baja las uñas y araña el cauce.

—¡Ay, Cabrita! Ayúdame a salir, que no te comeré. Juro no comer ya nunca más que avellanas toda la vida.

La cesta se iba hundiendo, arrastrada por las piedras que la cabrita iba tirando, y el lobo gritaba ya medio ahogado:

—Esto me pasa a mí por medidor de tierras, por sacador de espinas y pescador de sierra.

Y aquí termina la historia del lobito de Sierra Morena.

Antología del cuento español 1900-1939.
Madrid, Castalia, 1994.

EJERCICIOS PARA EL ESTUDIO DEL LÉXICO Y LA COMPRENSIÓN DEL TEXTO

1

Haz una lista con las palabras que en el texto se relacionan con el campo temático: ANIMAL.

2

Busca en el diccionario una definición para las palabras siguientes:

lobo, compadre, cabra, cordero, trucha, trébol, cesto, perejil, cauce, sierra, peña, potro, yegua, comadre.

3

Busca un sinónimo de:

huequecito, ensortijado, limpieza, sabroso, complaciente, rotas, izquierda, enorme, agradecido, repletas.

4

Busca un antónimo de:

regocijo, fuerte, juntas, horrible, pobre, indigesto, adormiladas, precipitado, engaño, despacio, lucidos.

5

Escribe oraciones con los verbos siguientes:

alimentar, apostar, pastar, convenir, morder, pescar, rechinar, agarrarse, hundirse.

6

Señala si son verdaderas o falsas las afirmaciones siguientes:

1. El lobo pretende engañar a otros animales y lo consigue................ V F
2. El cordero se fía del lobo.. V F
3. El cordero le rompe siete costillas al lobo.................................... V F
4. El lobo le miente a la yegua.. V F
5. La yegua lo cree y confía en el lobo... V F
6. El lobo se encuentra con una cabra en un arroyo.......................... V F
7. El lobo quiere comerse a la cabra.. V F
8. La cabra engaña al lobo y le causa la muerte................................ V F
9. El lobo es estúpido y confiado.. V F
10. El lobo habla con las truchas del río y las engaña........................ V F

7

Escribe con otras palabras las frases siguientes:

1. Acabo de quedarme en el mundo desamparado.
2. ¡Qué sabrosos estarán para hincarles el diente!
3. Todo se andará.
4. No quieren pieles de cordero en la feria, sino de yegua.
5. El barro es muy indigesto para los lobos.
6. Agárreme aquella cesta.
7. ¡Ya se llena el río hasta los bordes!

8

Completa los espacios en blanco con las palabras del recuadro:

ahogado, piedras, rabo, indigesta, hambre, yegua, miel, encina, lobo, cordero, ensortijado, costillas, comadre, truchas, potro, pata, espina, cabra, arroyo, coz, sabrosa

El .... pretende engañar a varios animales, pero al final, es él el que sale malparado y escarmentado. En primer lugar, el lobo se encuentra con un .... todo ...., recién peinado y acabado de lavar. Mientras el lobo se arrima a una ...., soñando con la tierna carne del cordero, éste se le viene encima y le rompe siete .... A continuación, el lobo se encuentra con su ...., la yegua, y la asusta cuando le dice que se va a comer a su ...., tan dulce como la .... Pero la .... le pide al lobo que la ayude a sacarse una .... de una ...., ocasión que aprovecha para darle una .... enorme y mandarlo con sus costillas rotas hasta un .... de piedras, donde está una .... bebiendo agua. El lobo le confiesa a la cabra que tiene mucha .... y que se la quiere comer. Pero la cabra le señala al lobo que está muy sucia y será muy ...., y le sugiere que espere a que haya comido unas .... antes. El lobo, pensando en lo .... que debe estar la cabra llena de truchas, se presta como ayudante para pescarlas. La cabra le ata una cesta al .... y la va llenando de ...., así que cuando el lobo quiere darse cuenta del engaño se ha hundido y .... en el río.

9

Expresión oral y escrita

1. Este relato evoca las fábulas clásicas de animales que hablan, actúan y se comportan como seres humanos. En este cuento, como en muchas fábulas, un animal pretende sacar provecho de otros, pero al final es él quien sale escarmentado. Resume los tres castigos que sufre el lobo.
2. Describe al lobo comparándolo con los otros tres animales del texto. Si conoces algún otro cuento o fábula semejante, escríbelo o coméntalo.
3. El lobo, el cordero, la cabra y la yegua son animales diferentes. El primero no está domesticado, mientras que los otros tres sí. ¿Conoces algún caso de lobo domesticado? Si es así, coméntalo.
4. El cordero, la cabra y el potro son animales que se sacrifican para comer. Mucha gente lamenta que los humanos matemos a los animales para comerlos o aprovechar sus pieles. ¿Qué piensas al respecto? ¿Es posible tener una buena salud sin comer carne? Si eres vegetariano(a), explica sus ventajas y los inconvenientes que tiene comer carne.
5. Este cuento, como las fábulas, tiene una moraleja, que pretende dar alguna lección a los lectores. Explica la moraleja y comenta cómo se puede aplicar en la vida diaria.
6. Escribe un cuento en el que todos los personajes sean animales.

JUAN JOSÉ ARREOLA

LECTURA

10 *Baby H. P.*

Juan José Arreola nació en 1918 en México. Es un autor conocido por sus narraciones fantásticas, satíricas e irónicas. *Varia invención* (1949) y *Confabulario* (1952) le han dado renombre y fama. Su técnica narrativa ha sido definida como "exageración controlada". Le gustan los detalles góticos y fantásticos, el terror y el absurdo, todo ello mezclado con aspectos de los tiempos más modernos: el progreso, las máquinas, la industria y el futuro.

VOCABULARIO BÁSICO

fuerza motriz, vitalidad, aguja, estructura, ajetreo, energía, vástagos, rayos, contador eléctrico, kilovatios, criaturas, folleto, acumulador, enchufe, corrientes, centellas, descarga, coyuntura

Señora ama de casa: convierta usted en fuerza motriz la vitalidad de sus niños. Ya tenemos a la venta el maravilloso Baby H. P., un aparato que está llamado a revolucionar la economía hogareña.

El Baby H. P. es una estructura de metal muy resistente y ligera que se adapta con perfección al delicado cuerpo infantil, mediante cómodos cinturones, pulseras, anillos y broches. Las ramificaciones de este esqueleto suplementario recogen cada uno de los movimientos del niño, haciéndolos converger en una botellita de Leyden, que puede colocarse en la espalda o en el pecho, según la necesidad. Una aguja indicadora señala el momento en que la botella está llena. Entonces usted, señora, debe desprenderla y enchufarla en un depósito especial, para que se descargue automáticamente. Este depósito puede colocarse en cualquier rincón de la casa y representa una preciosa alcancía de electricidad disponible en todo momento para fines de alumbrado y calefacción, así como para impulsar alguno de los innumerables artefactos que invaden ahora los hogares.

De hoy en adelante usted verá con otros ojos el agobiante ajetreo de sus hijos. Y ni siquiera perderá la paciencia ante una rabieta convulsiva, pensando en que es una fuente generosa de energía. El pataleo de un niño de pecho durante las veinticuatro horas del día se transforma, gracias al Baby H. P., en unos útiles segundos de tromba licuadora, o en quince minutos de música radiofónica.

Las familias numerosas pueden satisfacer todas sus demandas de electricidad instalando un Baby H. P. en cada uno de sus vástagos, y hasta realizar un pequeño y lucrativo negocio, transmitiendo a los vecinos un poco de la energía sobrante. En los grandes edificios de departamentos pueden suplirse satisfactoriamente las fallas del servicio público enlazando todos los depósitos familiares.

El Baby H. P. no causa ningún trastorno físico ni psíquico en los niños, porque no cohíbe ni trastorna sus movimientos. Por el contrario, algunos médicos opinan que contribuye al desarrollo armonioso de su cuerpo. Y por lo que toca a su espíritu, puede despertarse la ambición individual de las criaturas, otorgándoles pequeñas recompensas cuando sobrepasen sus récords habituales. Para este fin se recomiendan las golosinas azucaradas, que devuelven con creces su valor. Mientras más calorías se añaden a la dieta del niño, más kilovatios se economizan en el contador eléctrico.

Los niños deben tener puesto día y noche su lucrativo H. P. Es importante que lo lleven siempre a la escuela, para que no se pierdan las horas preciosas del recreo, de las que ellos vuelven con el acumulador rebosante de energía.

Los rumores acerca de que algunos niños mueren electrocutados por la corriente que ellos mismos generan son completamente irresponsables. Lo mismo debe decirse sobre el temor supersticioso de que las criaturas provistas de un Baby H. P. atraen rayos y centellas. Ningún accidente de esta naturaleza puede ocurrir, sobre todo si se siguen al pie de la letra las indicaciones contenidas en los folletos explicativos que se obsequian en cada aparato.

El Baby H. P. está disponible en las buenas tiendas en distintos tamaños, modelos y precios. Es un aparato moderno, durable y digno de confianza, y todas sus coyunturas son extensibles. Lleva la garantía de fabricación de la casa J. P. Mansfield & Sons, de Atlanta III.

Obras completas. Madrid, Alfaguara, 1997.

EJERCICIOS PARA EL ESTUDIO DEL LÉXICO Y LA COMPRENSIÓN DEL TEXTO

1

Haz una lista con algunas de las palabras que en el texto se relacionan con el campo temático: ENERGÍA.

2

Busca en el diccionario una definición para las palabras siguientes:

motriz, alumbrado, rabieta, vástago, kilovatio, folleto, garantía.

3

Busca un sinónimo de:

vástagos, vitalidad, alumbrado, armonioso, trastorno, artefacto, agobiante, lucrativo, alcancía.

4

Busca un antónimo de:

desarrollo, recompensa, valor, azucarada, resistente, delicado, ajetreo, irresponsables, durable, confianza.

5

Escribe sustantivos y adjetivos de la misma familia que los verbos:

convertir, revolucionar, satisfacer, colocarse, despertar, recomendar, opinar, añadir, ocurrir.

6

Escribe con otras palabras las frases siguientes:

1. Señora, convierta usted en fuerza motriz la vitalidad de sus niños.
2. Este depósito representa una poderosa alcancía de electricidad.
3. Usted verá con otros ojos el agobiante ajetreo de sus hijos.
4. El pataleo de un niño se transforma en quince minutos de música radiofónica.
5. El Baby H. P. no causa ningún trastorno psíquico ni físico a los niños.
6. El Baby H. P. está disponible en las buenas tiendas, en distintos tamaños, modelos y precios.
7. Lleva la garantía de fabricación de la casa J. P. Mansfield & Sons.
8. Ningún accidente puede ocurrir si se siguen al pie de la letra las indicaciones contenidas en los folletos explicativos.
9. Se recomiendan las golosinas azucaradas, que devuelven con creces su valor.

7

Señala si son verdaderas o falsas las siguientes afirmaciones:

1. La vitalidad de los niños es una fuerza motriz.. V F
2. El Baby H. P. es un aparato que ahorra energía en el hogar.............. V F
3. Con el Baby H. P. el pataleo de los niños se transforma en electricidad.. V F
4. Este aparato causa trastornos físicos, pero no psíquicos a los niños.. V F
5. Los niños deben llevarlo todo el día para generar energía.................. V F
6. Se adapta al cuerpo de los niños mediante los zapatos....................... V F

7. Con cada aparato se dan unos folletos explicativos.............................. V F

8. El aparato no tiene ninguna garantía.. V F

9. Es un aparato pesado, suave y poco resistente....................................... V F

8

Completa los espacios en blanco con las palabras del recuadro:

energía, fallas, electricidad, familias, vástagos, depósitos, trastorno, valor, trastorna, desarrollo, espíritu, ambición, récords, golosinas, negocio

Las .... numerosas pueden satisfacer todas sus demandas de .... instalando un Baby H. P. en cada uno de sus ...., y hasta realizar un pequeño y lucrativo ...., transmitiendo a los vecinos un poco de .... sobrante. En los grandes edificios de departamentos pueden suplirse satisfactoriamente las .... del servicio público, enlazando todos los .... familiares. El Baby H. P. no causa ningún .... físico ni psíquico en los niños, porque no cohíbe ni .... sus movimientos. Por el contrario, algunos médicos opinan que contribuye al .... armonioso de su cuerpo. Y por lo que toca a su ...., puede despertarse la .... individual de las criaturas, otorgándoles pequeñas recompensas cuando sobrepasen sus .... habituales. Para este fin se recomiendan las .... azucaradas, que devuelven con creces su ....

9

Expresión oral y escrita

1. El texto presenta, con ironía, una propuesta para sacar ventajas de la energía de los niños. Enumera cuáles son las ventajas que se derivan de la aplicación del aparato Baby H. P. en los niños.
2. El texto plantea una sátira de los inventos tecnológicos y modernos. Ya sabes que mucha gente inventa máquinas extrañas que, en muchas ocasiones, no sirven para nada. ¿Cómo son las personas que se pasan la vida intentando nuevos inventos?
3. El cuento presenta la vida familiar como algo demasiado conflictivo. Los niños aparecen como seres traviesos, insoportables y nerviosos, por lo que sus padres tienen que imaginar algo para controlarlos.

¿Estás de acuerdo con la descripción del texto? ¿Qué piensas de los castigos a los niños? ¿Son necesarios en ocasiones?

4. El texto plantea un debate sobre las maneras de controlar su vitalidad y su energía. Di algunas. ¿Tienes hijos? ¿Alguna vez has cuidado a un niño? ¿Te han puesto nervioso(a) en alguna ocasión? ¿Prefieres cuidar bebés o niños de cuatro o cinco años?
5. Escribe una redacción sobre una travesura infantil que recuerdes. El protagonista puedes ser tú, tus hermanos o tus vecinos.

Soluciones
a los Ejercicios

MIGUEL MIHURA

LECTURA 1

El amigo de Él y Ella

1

árbol, arbolitos frutales, serpiente, fresones, campo, ríos, valles, bichos

2

bigotes: pelos fuertes que nacen sobre el labio superior.

tapia: muro que rodea un terreno al aire libre y que sirve de valla.

tedio: fastidio provocado por la falta de actividad o diversión.

pareja: conjunto de dos personas, animales o cosas de la misma especie, especialmente si son macho y hembra.

estampa: dibujo, imagen o grabado impreso.

pasión: sentimiento fuerte e intenso que domina a una persona.

remedio: procedimiento que sirve para solucionar algo o evitar sus efectos negativos.

estropear: hacer perder la calidad o valor de algo; echar a perder una situación.

trocarse: cambiar una cosa por otra; transformar una cosa en otra diferente.

3

paraíso: edén; disgustados: enfadados; majos: guapos; tedio: aburrimiento; rato: momento; diversión: entretenimiento; butaca: asiento; sensación: impresión; estropeado: roto; enroscada: enrollada; disgustos: problemas.

4

desnuditos: vestiditos; inverosímilmente: verosímilmente; sentados: de pie; absurdo: lógico; violenta: tranquila; alborozados: tristes; contrariedades: facilidades; sutil: evidente; natural: artificial.

5

aburrirse: aburrido, aburrimiento; regar: riego, regadío, regado, regadera; suceder: suceso, sucedido; felicitar: felicidad, felicidades, feliz; estropear: estropeado, estropicio; trocarse: trocado, trueque; conceder: concedido, concesión; intervenir: intervención, interventor, intervenido; conformarse: conformación, conforme, conformista.

6

Posibles respuestas

1. Se había construido un hotel muy bonito; **2.** Les echaba agua a los árboles que estaban crecidos; **3.** Ese lugar no era como el Paraíso; **4.** Sin darse cuenta, el señor había estropeado las cosas; **5.** Al cabo de un tiempo tuvieron varios hijos; **6.** Ese lugar era muy diferente del Paraíso, porque el Paraíso no puede ser así, tiene que ser como se describe en los libros; **7.** Don Jerónimo era muy divertido; **8.** La realidad es que todo acabó de manera muy triste.

7

1. [F]; 2. [V]; 3. [V]; 4. [F]; 5. [V];
6. [V]; 7. [V]; 8. [V]; 9. [F]; 10. [V];
11. [V].

8

raro, lógica, proyectos, absurdo, planes, humanidad, serpiente, violenta, representación, papel, distraídos, afecto, excursiones, ríos, alborozados, disgustos, pasiones

9

Respuesta libre.

MARCO DENEVI

LECTURA 2

Génesis

1

atómica, desaparecer, calcinado, sobrevivir, horror, desastre, llorar, oscurecerse, disgregarse, miedo, estragos

2

humanidad: conjunto de todos los hombres.

civilización: conjunto de costumbres e ideas de un pueblo.

nave: vehículo construido para flotar en el agua y viajar por el espacio movido por el viento o por un motor; edificio grande, de una sola planta, que se usa para guardar cosas.

rodillas: articulaciones que permiten doblar las piernas.

ruido: sonido confuso, desagradable o molesto.

país: estado independiente; territorio correspondiente a una nación.

vegetación: conjunto de vegetales propios de un terreno.

miedo: sentimiento que mueve a rechazar las cosas peligrosas o que hacen daño.

explorar: tratar de descubrir lo que hay en una cosa o lugar.

caverna: cueva profunda, subterránea o entre rocas.

estragos: daños o destrucción producidos por una acción natural o por una guerra.

3

guerra: lucha; región: área; caverna: cueva; ruido: alboroto; país: patria; vegetación: flora; estragos: desastres; aturdido: confundido; horror: terror; vago: leve.

4

última: primera; oscurecerse: aclararse; desaparecer: aparecer; sobrevivir: morir; disgregarse: reunirse; arbitrarios: motivados; soledad: compañía.

5

amonestar: amonestación, amonestado; sobrevivir: supervivencia; sobreviviente; transformarse: transformación, transformista, transformado; sonreír: sonrisa, sonriente;

ascender: ascensión, ascenso, ascendiente; hallarse: hallazgo, hallado; rogar: ruego, rogado, rogativas.

6

1. [V]; 2. [V]; 3. [V]; 4. [F]; 5. [F]; 6. [V]; 7. [F]; 8. [F]; 9. [F]; 10. [F].

7

1. pronominal; **2.** pronominal; **3.** pronominal; **4.** transitivo; **5.** transitivo; **6.** transitivo; **7.** pronominal; **8.** pronominal; **9.** intransitivo.

8

1. pretérito indefinido: acción acabada; **2.** pretérito indefinido: acción completa; **3.** pretérito imperfecto: acciones habituales; **4.** pretérito imperfecto: acciones habituales; **5.** pretérito indefinido: acción acabada; **6.** pretérito indefinido: comienzo de una acción; **7.** pretérito indefinido: un hecho concreto; **8.** pretérito indefinido: acción acabada, pretérito pluscuamperfecto: acción acabada en relación con otra en pasado.

9

atómica, civilización, Tierra, región, piloto, nave, hierbas, caverna, horror, llorar, arbitrarios, sueño, miedo, fuego, nubes, loco, rodillas, vegetación, flores, frutos, país

10

Respuesta libre.

JAVIER GARCÍA SÁNCHEZ

LECTURA 3

El fisonomista

1

barba, pelo corto, nariz, ojos, cara, imagen, cabello, líneas faciales, labios

2

fisonomista: que tiene facilidad natural para recordar y distinguir a las personas por su aspecto físico.

locuacidad: que habla mucho o demasiado.

despliegue: manifestación.

abalorios: adornos de poco valor.

portada: primera página de un periódico; cubierta delantera de un libro.

cera: sustancia blanca y grasienta que producen las abejas y que, por ser combustible, se usa para dar luz.

rompecabezas: juego que permite componer una determinada figura o frase.

3

hercúleo: forzudo; pedante: presumido; consumado: experto; triunfal: exitoso; pésima: mala; parecido: semejante; rompecabezas: puzzle; álgido: culminante; altibajos: crisis.

4

suficiencia: insuficiencia; aparente: real; innato: adquirido; acertar: fallar; serenamente: nerviosamente; hábil: torpe; voluminosa: pequeña; monótona: divertida.

5

manifestar: manifiesto, manifestante; explayarse: explayado; emanar: emanación; azorarse: azorado, azoramiento; ondear: onda, ondeante; acertar: acierto, acertado, acertijo; discernir: discernimiento; matizar: matiz, matizado.

6

Posibles respuestas

1. Cuando nos encontramos por primera vez casi ni me miró; **2.** Era tan simpático que no se notaba su talante de superioridad; **3.** Tuvimos algunas crisis; **4.** Se sentía muy feliz al mostrar ante los demás su destreza; **5.** Se comunicaba muy bien con la gente; **6.** Se puso blanco;

7. Apenas pudo pronunciar un leve pronombre; **8.** ¿Es posible que no te hayas fijado antes?

7

1. [V]; 2. [V]; 3. [V]; 4. [F]; 5. [F]; 6. [V]; 7. [F]; 8. [F]; 9. [F]; 10. [F].

8

rasgo, innato, capacidad, índole, aguileña, penetrantes, ingresos, periodista, artículos, cine, ambulante, pedante, ventaja, cine, simpatía, despliegue, suficiencia, cualidad, fisonomista

9

Respuesta libre.

LECTURA 4

CARMEN BOTELLO

La noche larga

1

pánico, noche, miedo, archivo, terror, acecho, tormento

2

archivo: establecimiento en el que se guardan documentos de un modo ordenado; conjunto de documentos.

fantasma: espíritu de una persona muerta del que se dice que se aparece a los vivos; persona que presume de algo sin tenerlo.

pánico: miedo o terror muy grande; pavor.

legajo: conjunto de papeles atados que tratan de una misma materia.

surco: arruga profunda en la cara o en el cuerpo; señal o hendidura que hace cualquier cosa pasando por encima de otra.

tormento: castigo físico y psíquico que se da con un fin determinado; dolor físico.

tormenta: fenómeno de la atmósfera en el que cambia la presión y se producen fuertes vientos.

barrera: obstáculo o construcción que sirve de defensa; valla hecha con palos de madera que sirve para impedir el paso.

abismo: profundidad grande.

acecho: vigilancia o espera; acción de vigilar.

3

temblorosa: miedosa; podrida: corrompida; asombrados: sorprendidos; laberíntica: complicada; horror: terror; voraz: hambriento; avalancha: alud; pánico: terror; lucidez: inteligencia.

4

atrevida: miedosa; valiente: cobarde; confusa: clarividente; malestar: bienestar; incauto: precavido; odioso: amable; torpe: hábil; infantil: maduro; frágil: resistente; permanente: pasajero.

5

Polvorientos legajos amarillos y hediondos; cuerpo frágil y enjuto; laberíntica biblioteca podrida; rostro pálido y dolorido; lengua fría y grande; una duda extraña y horrible; lluvia furiosa; larga y limpia herida; imágenes remotas y terribles.

6

Posibles respuestas

1. No nos tomábamos en serio ese tema; **2.** Estabas segura de que alguien te había quitado la llave; **3.** Siempre he confiado en tu valentía; **4.** La enfermera dice que no tienes pulmonía aunque sí tienes fiebre; **5.** Ella no dice lo que piensa; **6.** No comprendo cómo pudiste salvarte; **7.** Si el fantasma seguía escondido, vigilándote.

7

1. [V]; 2. [V]; 3. [V]; 4. [V]; 5. [V];

6. [F]; 7. [V]; 8. [F]; 9. [V]; 10. [V].

8

1. Oración principal en pretérito indefinido: acción acabada, y subordinada sustantiva en imperfecto: descripción; **2.** Imperfecto: acción habitual; **3.** Imperfecto: acción habitual, y subordinada sustantiva en condicional: futuro del pasado; **4.** Subordinada temporal en pretérito indefinido: acción acabada, oración principal en pretérito indefinido: acción acabada, y subordinada sustantiva en pretérito pluscuamperfecto: acción anterior a otra en pasado; **5.** Pretérito indefinido: serie de acciones acabadas; **6.** Pretérito indefinido: serie de acciones cumplidas; **7.** Oración subordinada temporal en pretérito indefinido: acción acabada, y oración principal y oración de relativo en pretérito imperfecto: acciones descriptivas.

9

mañana, muerta, legajos, archivo, frágil, despacho, biblioteca, lágrimas, miedo, rostro, ojos, surcos, barbilla, garganta, socorro, tormento, risa, trampa

10

Respuesta libre.

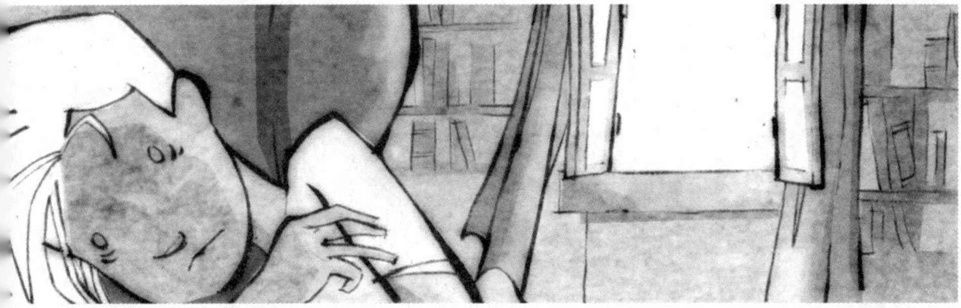

LECTURA 5

ANA MARÍA FAGUNDO

El banquete

1

comensal, invitado, manjares, delicioso, exquisito, fresas, manzanas, peras, limones, carne, pescado, vino, sandía, uvas...

2

manjar: alimento, comida muy buena y de sabor agradable.

riqueza: abundancia o gran cantidad de dinero o bienes materiales.

satén: tejido brillante, ligero y suave.

terciopelo: tejido espeso y delicado, que tiene pelo muy corto en la superficie.

avidez: deseo fuerte o intenso de conseguir una cosa.

error: acción equivocada.

comensal: persona que come con otras en la mesa.

semilla: parte del fruto que da origen a una nueva planta.

catarata: corriente grande de agua que cae desde la parte alta de un terreno.

3

voluptuosa: provocativa; riqueza: abundancia; jubiloso: feliz; sobria: austera; agrio: ácido; error: equivocación; afilada: puntiaguda; banquete: festín; comensal: invitado.

4

desnudo: vestido; austero: opulento; diminuta: enorme; redondas: cuadradas; relucientes: opacas; ablandarse: endurecerse; viscoso: claro; sombra: luz.

5

existir: existencia, existente; asistir: asistido, asistencia, asistente; intuir: intuición, intuitivo; aceptar: aceptable, aceptación, aceptado; brindar: brindis; atar: atadura, atado; esperar: espera, esperanza, esperanzado; titubear: titubeante, titubeo; probar: prueba, probador, probado; exigir: exigencia, exigente.

6

1. [F]; 2. [F]; 3. [F]; 4. [V]; 5. [V]; 6. [V]; 7. [V]; 8. [V]; 9. [V]; 10. [V].

7

Uvas redondas y oscuras; melón amarillo; diminutas aceitunas; blandas lenguas rojas; protuberantes limones encendidos; carnes líquidas de la sandía; diminuta catarata enrojecida; manzana roja...

8

manjares, vino, esferas, melón, coco, aceitunas, limones, riqueza, banquete, fruta, fascinado, agujas, jugo, fresas, boca, milagro, satén, manzana

9

Respuesta libre.

CARLOS FUENTES

LECTURA 6

La peste

1

cadáveres, pestilencia, enfermos, infectados, sepulcros, contaminadas, sangre, detritus, enfermedad, sobrevivientes

2

peste: enfermedad contagiosa que causa gran cantidad de muertes.

mendigo: persona muy pobre que pide dinero o limosna.

hogar: casa o lugar que una persona considera propia.

máscaras: objetos que sirven para cubrirse la cara.

mazmorra: cárcel pequeña construida bajo tierra.

monje: persona de sexo masculino que pertenece a una orden religiosa.

gracia: efecto divertido o que produce risa; bien espiritual recibido de Dios; favor o permiso que se da o se recibe.

bergamota: variedad de lima con mucho olor, que se utiliza en perfumería.

sentencia: resultado de un juicio; frase con contenido moral.

úlcera: herida en la piel o en los tejidos que cubren los conductos del interior del cuerpo.

3

mendigo: vagabundo; garrotazo: golpe; arrojados: expulsados; infectados: contaminados; hogar: casa; ribera: orilla; mazmorra: prisión; fogata: fuego; vestimenta: vestido; cadáver: muerto; basura: detritus.

4

preso: libre; amigos: enemigos; velozmente: lentamente; contaminadas: purificadas; entristecidas: alegres; larguísima: cortísima; aislados: comunicados; liberados: presos; afligidos: contentos.

5

capturar: captura, cautivo, capturado; perseguir: perseguido, persecución, persecutorio; yacer: yacimiento; incendiar: incendio; disipar: disipación, disipado; clausurar:

clausura, clausurado; estallar: estallido, estallado; advertir: advertido, advertencia; liberar: libre, liberado, libertad; encarcelar: encarcelado, encarcelamiento, cárcel.

6

Posibles respuestas

1. Los mendigos no osan pedir dinero a las gentes; **2.** Los conventos han sido cerrados; **3.** Las heridas de los enfermos revientan como volcanes; **4.** La ciudad no puede respirar a causa de la basura; **5.** Los presos reciben bien la sugerencia de Simón; **6.** El tiempo del perdón ha terminado; **7.** Simón los avisa de que corren graves riesgos; **8.** Los presos tiene que cumplir sus condenas en la cárcel.

7

1. [V]; 2. [V]; 3. [F]; 4. [F]; 5. [V]; 6. [V]; 7. [V]; 8. [V]; 9. [V]; 10. [F].

8

personas, vestidas, máscaras, conventos, clausurados, monje, vinagre, cintura, confesión, aliento, apestado, afligidos, úlceras, cráteres, sacramentos, hostias, vinagre, vara

9

Respuesta libre.

LECTURA

JUAN ARMANDO EPPLE

7 *Bebiendo de esa sed*

1

cacique, jefes, anciano, mocetones, hombres, mujeres

2

tribu: grupo en que se divide un pueblo; conjunto de familias que comparten un origen, una religión, unas costumbres y que obedecen a un jefe.

cacique: jefe de un grupo de indios; persona que influye excesivamente en la política.

capitán: persona que representa a un grupo; miembro del ejército de categoría superior a la de teniente.

oro: metal precioso de color amarillo, muy fácil de trabajar.

mina: lugar donde abundan los minerales.

caldero: recipiente con una sola asa, que se usa para cocinar.

sementera: lugar donde se ponen las semillas para que nazcan; tierra en la que se han puesto semillas.

deuda: obligación de pagar o devolver una cosa; cantidad de dinero que se debe.

lanza: arma formada por una vara muy larga con una punta de hierro cortante en su extremo.

nueva: noticia que se oye por primera vez.

gota: partícula de líquido, de forma esférica, que se desprende de algo.

3

nueva: noticia; caído: vencido; golpe: puñetazo; exaltados: acalorados; reposar: descansar; unánime: general; jefe: cacique; destino: suerte; burbujeante: hirviente; satisfecho: contento.

4

amanecer: anochecer; antiguo: moderno; muerte: vida; dolor: alegría; esclavitud: libertad; humillación: ensalzamiento; buscar: hallar; calmar: enervar; paz: guerra; ira: sosiego.

5

manar: manantial; comprobar: comprobado, comprobante, comprobación; ajusticiar: ajusticiado, justiciero; deliberar: deliberador, deliberante, deliberado; merecer: merecido, merecimiento, merecedor; buscar: buscón, búsqueda, buscador; derretir: derretido; maravillarse: maravilla, maravilloso, maravillado.

6

1. [V]; 2. [V]; 3. [F]; 4. [V]; 5. [F];

6. [V]; 7. [V]; 8. [F]; 9. [F]; 10. [V].

7

Posibles respuestas

1. Cuando supimos la noticia, todos fuimos a comprobar qué había pasado; **2.** Valdivia no podía sostenerse; **3.** Echaba mucha sangre de la herida en la cabeza; **4.** Trajo la desgracia a nuestra región; **5.** Es lógico que calmemos su sed; **6.** Todo el mundo se asombró del hecho.

8

1. final; **2.** sustantiva; **3.** sustantiva; **4.** final; **5.** sustantiva, de relativo; **6.**temporal.

9

anciano, mirada, océana, capitán, partida, caballo, lanzas, dolor, esclavitud, humillación, sementeras, oro, ira, deuda, sed, satisfecho, amenazas, tierra

10

Respuesta libre.

GASTÓN SUÁREZ

LECTURA 8

El forastero y el candelabro de plata

1

comisario, ladrón, robar, agentes, juicio, preso

2

candelabro: objeto que sirve para sujetar una o varias velas.

forastero: que es o viene de otro lugar.

almanaque: registro de los días del año ordenados por semanas y meses.

comisario: jefe superior de policía; persona que tiene permiso de una autoridad para un cargo especial.

rictus: contracción de los labios.

misantropía: desprecio por el género humano.

mudo: que no puede hablar.

lágrimas: gota de líquido que es vertida por los ojos.

amargura: disgusto, tristeza o pena.

tenazas: instrumento de metal compuesto de dos brazos movibles.

3

ladrón: delincuente; candelabro: palmatoria; preso: prisionero; forastero: foráneo; agentes: policías; garantizar: responder; escalofrío: temblor; rubor: color rojo; tesoro: riqueza; rictus: gesto; almanaque: calendario; puesto: trabajo; alivio: descanso.

4

solterona: casada; medrosa: valiente; sombríos: claros; semidesnuda: semivestida; altanero: humilde; solitaria: sociable; perdonar: castigar; odiar: amar; aflojar: apretar; poblada: deshabitada.

5

salvar: salvación, salvamento, salvado, salvavidas; garantizar: garantía, garantizado, garante; sujetar: sujeto, sujetado; volcar: volcado, vuelco; encerrar: encerrado, encierro; causar: causa, causante, causado; confesar: confesor, confesión, confesado; rondar: ronda, rondador; esbozar: esbozo, esbozado.

6

1. [V]; 2. [F]; 3. [V]; 4. [F]; 5. [V];
6. [V]; 7. [F]; 8. [F]; 9. [F]; 10. [F].

7

Posibles respuestas

1. El ladrón tenía posibilidades de salvarse; **2.** Su libertad dependía de Zenaida; **3.** Ella estaba allí por obligación y tenía que decidir el futuro de ese hombre; **4.** Ella podía responder por el ladrón; **5.** Lo podemos torturar hasta que declare la verdad; **6.** Tenemos que perdonar a los que nos han ofendido; **7.** Estaba cerrada a los hombres; **8.** Delante de ella estaba el hombre que había destrozado su vida; **9.** Ya no había tiempo para la felicidad.

8

causante, desgracia, amargura, escalofrío, comisario, pobreza, habitación, almanaque, figura, semidesnuda, muslos, senos, preso, agentes, angustia, alumnos, azul, voluntad, destino, rictus

9

Respuesta libre.

MARÍA TERESA LEÓN

LECTURA 9

El lobito de Sierra Morena

1

lobito, yegua, cabra, potro, cordero, vellón, truchas, coz, cuernos, cascos...

2

lobo: animal salvaje, mamífero, parecido al perro, que se alimenta de otros animales.

compadre: amigo o compañero.

cabra: animal mamífero doméstico, que puede subir a sitios difíciles y tiene cuernos.

cordero: cría de la oveja, borrego.

trucha: pez de agua dulce de carne apreciada.

trébol: hierba de tallo velloso y hojas formadas por tres partes unidas.

cesto: recipiente de material flexible, más grande que una cesta.

perejil: hierba olorosa, con tallos finos y hojas brillantes de color verde oscuro, que se usa como especia.

cauce: parte del terreno por donde va una corriente de agua.

sierra: cordillera de montañas.

peña: piedra grande y natural que no ha sido trabajada por el hombre.

potro: cría del caballo, desde que nace hasta que cambia los dientes.

yegua: hembra del caballo.

comadre: amiga, compañera.

3

huequecito: esponjoso; ensortijado: rizado; limpieza: pulcritud; sabroso: exquisito; complaciente: amable; rotas: destrozadas; izquierda: siniestra; enorme: grande; agradecido: complacido; repletas: llenas.

4

regocijo: tristeza; fuerte: débil; juntas: separadas; horrible: bonito; pobre: rico; indigesto: digestivo; adormiladas: despiertas; precipitado: tranquilo; engaño: verdad; despacio: rápido; lucidos: raquíticos.

5

Posibles respuestas

La oveja **alimenta** a sus corderos; En los casinos, la gente juega y **apuesta** dinero; Los potros **pastan** en la pradera; A un estudiante le **conviene** trabajar muchas horas para tener buenas notas; El perro **muerde** a los niños traviesos; La gente **pesca** en los ríos y en alta mar; Me **rechinan** los dientes si tomo helado frío; Hay que **agarrarse** fuerte a la barandilla para no caerse en el precipicio; El Titanic **se hundió** en el fondo del mar.

6

1. [F]; 2. [F]; 3. [V]; 4. [V]; 5. [F];
6. [V]; 7. [V]; 8. [V]; 9. [V]; 10. [F].

7

Posibles respuestas

1. No tengo familia y estoy solo en el mundo; **2.** Se ven deliciosos para darse un banquete con ellos; **3.** Ya llegaremos a ese punto; **4.** En la tienda quieren pieles de yegua y no de cordero; **5.** El barro no es digestivo; **6.** Alcánceme aquella cesta; **7.** El río se está llenando por completo.

8

lobo, cordero, ensortijado, encina, costillas, comadre, potro, miel, yegua, espina, pata, coz, arroyo, cabra, hambre, indigesta, truchas, sabrosa, rabo, piedras, ahogado

9

Respuesta libre.

JUAN JOSÉ ARREOLA

LECTURA

10 *Baby H. P.*

1

vitalidad, fuerza motriz, electricidad, alumbrado, artefactos, ajetreo, depósito, kilovatios, electrocutado, rayos, centellas...

2

motriz: que produce movimiento.

alumbrado: conjunto de luces que iluminan un lugar.

rabieta: enfado o disgusto de poca duración.

vástago: hijo o descendiente de una familia; tallo nuevo que brota de una planta.

kilovatio: medida de potencia eléctrica equivalente a mil vatios en el sistema internacional.

folleto: escrito que da a conocer las características de un determinado aparato o servicio.

garantía: seguridad que se ofrece; escrito en el que aparece esa seguridad ofrecida.

3

vástagos: hijos; vitalidad: energía; alumbrado: electricidad; armonioso: bello; trastorno: problema; artefacto: máquina; agobiante: asfixiante; lucrativo: próspero; alcancía: hucha.

4

desarrollo: retroceso; recompensa: castigo; valor: cobardía; azucarada: amarga; resistente: débil; delicado: fuerte; ajetreo: tranquilidad; irresponsable: responsable; durable: caduco; confianza: desconfianza.

5

convertir: converso, conversión, convertible; revolucionar: revolución, revolucionario; satisfacer: satisfecho, satisfactorio; colocarse: colocación, colocado; despertar: despertador, despierto; recomendar: recomendado, recomendable; opinar: opinión, opinable; añadir: añadido, añadidura; ocurrir: ocurrencia, ocurrido.

6

Posibles respuestas

1. Los movimientos de sus hijos se pueden transformar en energía; **2.** Este depósito es un gran ahorro de electricidad; **3.** Pensará algo diferente del movimiento de sus hijos; **4.** El pataleo de un niño se convierte en música en la radio; **5.** El aparato no produce trastornos ni problemas a los niños; **6.** Este aparato se encuentra en las mejores tiendas; **7.** Está garantizado por J. P. Mansfield & Sons; **8.** Para que no ocurra ningún accidente, tiene que seguir estrictamente las instrucciones que se incluyen en el folleto; **9.** Es bueno que los niños tomen dulces y azúcar para potenciar el aparato.

7

1. [V]; 2. [V]; 3. [V]; 4. [F]; 5. [V]; 6. [F]; 7. [V]; 8. [F]; 9. [F].

8

familias, energía, vástagos, negocio, electricidad, fallas, depósitos, trastorno, trastorna, desarrollo, espíritu, ambición, récords, golosinas, valor

9

Respuesta libre.

VOCABULARIO

abalorios
abismo
absurdo
acecho
acumulador
adormiladas
afecto
afligidos
agentes
agobiante
agradecido
aguileña
aguja
ahogado
ajetreo
ajusticiar
alabarderos
alas
alborozados
alcaide
alcancía
aliento
almanaque
altibajos
alumbrado
alumnos
amargura
ambulante
amenaza
amonestar
anciano
anécdota
angustia
aniquilar
antipatía
añadir
apestado
arbitrario
archivo
armonioso
arquearse
arriendo
arroyo
artefacto
artículos
ascender
atmósfera
atómica
avalancha
azucarada
azul
banquete
barbilla
barrera
biblioteca
bichos
bien
brillantez
brindar
brisa
burbujeante
buscar
caballo
cabra
cacique
cadáver
cajón
caldero
candelabro
cantos
capacidad
capitán
cárcel
carreta
carro
cauce
causante
ceniza
centellas
cera
cerdos
cesto
cine
cintura
ciruelas
civilización
clausurados
colocarse
comadre
comensal
comisario
compadre
complaciente
comprobar
confesión
confianza
consejo
contador
convencimiento
conventos
convertir
cordero
corrientes
corteza
costillas
coyuntura
coz
cráter
crespos
crías
criaturas
cristal
crujir
cualidad
cuernos
cuesta
chiste
daga
datos
deliberar
delicado
delirante
depósito
derretir
desarrollo
desastre
descarga
desierto
despacio
despacho
despertar
despliegue

destellos
destino
detritus
deuda
dieta
disgustos
distraídos
dolor
duda
durable
elixires
empero
encina
enchufe
energía
enfermera
engaño
enorme
ensortijado
equilibrio
error
escalofrío
esclavitud
esferas
espacial
espada
espina
estampa
estante
estilete
estragos
estructura
excursiones

existencia
explorar
fallas
fantasma
fiebre
fisonomista
flato
flores
folleto
forastero
fortaleza
frágil
fragor
frente
fresas
frialdad
frustración
frutos
fuerte
fuerza
fulgor
garganta
gemelo
génesis
golpe
gota
guerra
habitación
hallarse
hambre
herencia
hogar
hombre

horrible
horror
hostia
huequecito
huérfano
humanidad
humillación
hundirse
indigesto
índole
infectados
ingresos
innato
ira
irresponsable
izquierda
jefe
juntas
justicia
kilovatios
lágrimas
lanza
lástima
legajos
limones
limpieza
lobo
locuacidad
locutor
lógica
lucidez
lucidos
lucrativo

mal
manar
mandarinas
manjares
manzana
mañana
maravillarse
mariposa
máscaras
matrimonio
melón
mendigos
merecer
miedo
miel
mimbre
mina
mirada
misantropía
molestia
monje
motriz
mudo
muerta
músculos
muslos
naranja
nave
nueces
nueva
océana
ocurrir
ojos

opinar
oro
papel
paraíso
pareja
partida
pasiones
pata
pedante
pellejo
penetrantes
peña
peras
perejil
periodista
personas
peste
piedras
planes
pobre
pobreza
polvo
portada
potro
precipitado
preso
prisionero
privación
proyectos
pulmonía
pupilas
rabo
raro
rasgo
rayos
recomendar
recompensa
regocijo
reguero
remedio
repletas
representación
resistente
revolucionar
revoque
rictus
ríos
riqueza
risa
ritmo
rogar
rompecabezas
rostro
rotas
rural
sabroso
sacramentos
sandía
sangre
satén
satisfacer
satisfecho
secuencia
sed
sementera
semidesnuda
senos
sentencia
sepulcros
serpiente
sierra
simpatía
sobreviviente
sobrevivir
socorro
soledad
sonreír
sudor
suficiencia
surcos
sutil
tabique
tapia
tedio
tenazas
teñida
terciopelo
terreno
terror
tertulia
tesoro
tierra
tormenta
tormento
trampa
transformarse
trato
trébol
tribu
tronco
tronco
trucha
úlceras
valor
vara
vástagos
vegetación
vellón
ventanal
verbalizar
vergüenza
vestidas
vestimenta
víctima
viento
vinagre
violenta
vitalidad
voluntad
yegua